マルクス・ガブリエル
新時代に生きる「道徳哲学」

丸山俊一 Maruyama Shunichi
＋NHK「欲望の時代の哲学」制作班

JN025830

NHK出版新書
645

はじめに　コロナ時代の精神のトレーニング――丸山俊一

言うまでもなく、新型コロナウイルスよる感染爆発は、私たちの日常の光景を一変させました。感染の拡大を防ぎながら、いかに経済活動を維持していくのか？　生命という「医学」の領域と、人びとの生活という「経済」の領域、それぞれの視点からの議論が、ずっと続いています。しかし、そこでさまざまな専門性による議論を突き合わせていくほどに事態は複雑さを増し、誰もが、日々、難しい判断を迫られているのではないでしょうか？　政策やイベントなどの実施、続行などの大きな話から、電車に乗るとき、買い物に出かけるとき、会合の持ち方、人との関係性の持ち方など、日常のさまざまな場面の細かな行動の一つ一つに多くの神経を使い、疲れやストレスを感じていらっしゃる方々も多いと思います。本当にさまざまな、多くのジレンマを抱える今、私たちは日々、この現実をどう捉え、どう思考し、さらにどう行動していけばよいのでしょう？

コロナが招き寄せた、この「新しい日常」の時代に生きるすべてのみなさんに、それぞれの思考を展開し、自ら考えていただくヒントとしてお送りするのが本書です。一つの「ものの見方・考え方」を提案するのは、マルクス・ガブリエル。ベストセラーとなった『なぜ世界は存在しないのか』を皮切りに新たな思想を次々世に問う、一九八〇年生まれのドイツの哲学者です。

ガブリエルの言葉をこうしてNHK出版から新書の形でお届けするのは四冊目となりますが、これまでで最もやさしい、柔らかな言葉で表現することを心がけました。今までもガブリエルとともに、哲学を「実践的なツール」とすることの可能性を意識して、一連の企画を考えてきたわけですが、今回はさらに特別です。知識として「哲学」の枠組みを学ぼうとするのはひとまず置いて、この難しい、不透明な時代状況の中で、少しでも多くのみなさんと、彼の言葉を分かち合うことで、社会を、自分自身を、見つめ直すきっかけとしていただくことを願っています。

「やさしい」ということは決して内容が初歩的であることでもなければ、語られる内容の価値を貶《おとし》めることでもありません。平易な表現であっても、思考の本質はしっかりと盛り込まれています。その意味で、今までのシリーズを読んでくださったみなさんにも、また、初めてガブリエルの言葉に触れるみなさんにも、コロナ時代と向き合う、意義あるエッセイとなっていると思います。

I章の、マスクをめぐって自身の経験からも導き出される考え方や、「1」から「10」の段階で、現実への対処の仕方を整理する話など、等身大の一市民として、日々この時代をどう生きていくかが語られています。そうした素朴な話がいつの間にか哲学的な思考へもつながっていくところが妙味なわけですが、こうした生活者としての発言にも注目して、その連続性を味わっていただきたいと思います。

日常の中に、哲学はあるのです。

本書は、「BS1スペシャル　マルクス・ガブリエル　コロナ時代の精神のワクチン」（NHK BS1　二〇二〇年一〇月三日放送）をベースとしたものです。『欲望の民主主義』『欲望の資本主義』『欲望の時代の哲学』などの企画にあって大きな反響を呼んできた彼に、今回はホームタウンであるドイツ・ボン、そして生まれ故郷ジンツィッヒで、二〇二〇年秋、コロナの時代に培《つちか》うべきニューノーマルな価値観を語ってもらった記録です。

ガブリエルから言葉を引き出す収録のスタイルも、取材陣が海を渡れない状況の中、現地のコーディネーター、太田真理エリザさんにお願いすることになりました。エリザさんがわれわれの取材意図をしっかり把握してくださり、生き生きとした対話を通してガブリエルの言葉が生まれた良さを生かそうと、今回はあえてできる限り対話をそのまま再現しています。ガブリエルも、彼女を視聴者／読者代表として、そしてあたかもゼミ生に対するように語ってくれたことで、現状を踏まえた「実践・倫理（道徳哲学）教室」のような空間が実現しているように思います。

どうぞ気軽に、自由な想像力を働かせながら、この対話の記録を楽しんでいただけますように。そして、今までガブリエルの本を読んだことがない方、哲学に興味がない方も、自らの考えで行動するための一助としてくださることを願っています。

では、コロナ時代の思考の、精神の運動へ、ご一緒に。みなさんに少しでも発見があり、考えるヒントとなりますように。

マルクス・ガブリエル　新時代に生きる「道徳哲学」　目次

校閲　猪熊良子
DTP　佐藤裕久

I章

正解なき状況での選択

ソーシャル・ディスタンスをどう考える？

――新型コロナウイルスの世界的なパンデミックについて、あなたが暮らしているボンから、生まれた地であるジンツィッヒまで移動しながら、お話をうかがいたいと思います。まず、どんな変化があったかを教えて下さい。

今回のコロナによる影響で、私にとっての大きな変化は、さまざまな場で、空気の違いに敏感になったということです。ここボンでも、パンデミックの真っ只中である状況で、たとえばレストランの閉ざされた空間の中にいると、まるで一九八〇年代のタバコの煙が漂う店内にいる気分になります。人の息を意識してしまうのです。

現在（二〇二〇年九月）のドイツでの規制は、広いスペースがあり、周りの人と一・五メートルの距離を取れるときには、マスクの着用は必要ありません。もっとも商業施設に入るときには必要ですけれどもね。飲食店での食事中はもちろんマスクを外すわけですが、一・五メートルの間隔を取ったりする必要はありません。その代わり、保健当局が感染ルートを追えるように、店側が対策をすることが義務づけられています。今後の状況次第で再び厳しい規則がかけられることも十分考えられますが、現時点では、屋外では、基本的にマスク着用の義務はありません。ウイルスが拡散する仕組みを考えれば、それも妥当なことだと思います。

もちろん、あとは自分自身の判断で、理にかなった方法でリスクを減らすようにしています。たとえば大人数では、たとえ家族でも集まることは避けていますが、自分や友人、家族の精神衛生のためにも、必要な人にはできるだけ会うようにしています。

最近ハンブルクに行っていたのですが、天気が悪くて、屋外で食事をすることができませんでした。そこで、知人たちと五人で換気の悪い、狭いレストラン内で食事をすることになったんです。正直、少し居心地が悪かったですね。冬の間は、やはりこのような状況はできる限り避けようと思います。

現在、私たちは飛沫に敏感になっています。繰り返しますが、今後しばらくは、私自身も飲食店の屋内スペースや大人数での家族の集まりは避けることになるでしょうね。会うなら少人数です。引き続き、ある程度のソーシャル・ディスタンスを保つということです。

リスクは今は低下していると個人的には推測していますが、やはり不要な接触は避けるべきでしょう。

「感染拡大の観点から、ある種の倫理観が問われています」

「1」から「10」の段階で判断する――「科学主義」に陥らないために

具体的に最近の身の回りの状況、それに対して私自身の感覚、考え方をお話ししたわけですが、人によって本当にさまざまな対応の仕方があると思います。

たとえば、「1」から「10」のスケールがあるとしましょう。「10」がウイルスを恐れて家に引きこもる立場、「1」がどんな対策も必要ないと思う立場だとしたら、私は「7」でしょうね。

個人的には、自分の命や一緒に暮らす者たちの健康について、必ずしも危険は感じていません。でも感染拡大の観点から、ある種の倫理観が問われています。自分が感染拡大のきっかけとなるリスクは減らしたいと考えるのです。自分が誰かに感染させたら、相手が知り合いか否かにかかわらず害を与えてしまいますからね。このような考え方でリスク評価を行っています。

真の合理性とはなにか？

——人と同じ空気を吸うことに変な居心地の悪さを感じるようになったとおっしゃいました。これは新しい状況ですよね。とてもおかしな、あまりいいとは言えない時代になったという言い方もできますが、科学的な見解について何か批判はありますか？

ええ、賛否両論ありますよね。

——変だと感じる一方で、ご自身はリスクに関する数字に信頼を置いているようです。数字は科学に基づくものです。そのあたりはどうお考えですか？

科学的知識(scientific knowledge)と科学主義(scientism)、あるいは科学的視点(scientific worldview)は、異なるものです。今回のコロナに関しては、科学的知識は限られていますよね？ このウイルスや、感染の影響については、科学的知識はまだ十分ではありません。

しかし、当然ながら私たちは、今ある知識を踏まえた上で行動を変え、状況に適応しなければなりません。科学的知識はリスク評価をする際の一要素であって、ほかにもさまざまな要素を考慮しているはずです。

たとえば、自分が友人に会わないことで生じるリスクや、飲食店に行かないことで生じるリスクなどです。飲食店に行かなければ、自分のお気に入りの飲食店まで閉店に追い込まれるかもしれませんよね。気に入っているお店がなくなってほしくはないので、私は多少のウイルス学的なリスクを冒してでも、そこへ通うことで支援します。ウイルス学的な正解は、単にどんなときも飲食店に行くなということでしょうけれどもね。疫学的なリスクに関するアドバイスのみに従うなら、感染の可能性を避けるためには誰とも会わないのが賢明です。しかしそれにも無理があるでしょう。ですから私は、さまざまな領域の知識や、知識に関する主張を組み合わせて、状況を判断しています。その組み合わせは、合理的でなければなりません。

合理性（rationality）とは何でしょう？　その語源は、ラテン語の理性（ratio）からきていますよね。理性（ratio）は極端なものと極端なものの間にあります。つまり、不健全な極論と極論の間で、中庸《ちゅうよう》を見極めることが重要です。

私はこのようにしてリスク評価を行うようにしています。〝問題なのはウイルスだけである〟と考えると科学主義になり、一種類の原理、一種類の状況分析にすべてを賭けることなってしまいます。
私は多角的に捉えて、対応するようにしています。

「衛生主義」を越えて――環境危機を視野に入れるとき

そしてもう一つ、私が避けていることがあります。ハイジェニズム＝衛生主義(hygienism)と呼んでいるものです。ハイジェニック(hygienic：衛生的)とレイシズム(racism：人種主義)を組み合わせた造語で、言わば、「衛生的な人種差別主義」です。これは人間の行動を、特定の歪《いびつ》な視点から捉える立場です。衛生主義にあっては、今私たちがやらなければならないことはただ一つ、感染ルートを避けるということになるでしょう。

しかし、そんなはずはありませんよね。ほかにもやるべきことはたくさんあります。ウイルスだけではなく、環境や経済の危機も差し迫っていますし、一つの問題だけを解決することはできないのです。ですから一つのことだけに焦点を当てるのではなく、多角的に物事を見て、合理的な方法で複雑な状況に対応するように、心がけています。

現在、さまざまな危機が相互作用を起こしていると、私は考えています。私がいちばん恐れているのは生態学的な危機です。つまり、人間と環境の関係が破壊されることです。

地球が火星のように砂漠化するかどうかはわかりませんが、そうなる可能性もあるでしょうね……。でも現在起きているのは、そういうことでもなさそうです。

私が、ひとまず思い浮かべる最悪のシナリオは、人間が今現在の生態的な地位から断絶されてしまうことです。すなわち環境危機です。そうなれば多くの人びとが死ぬでしょう。予測不能な状況が訪れて、人類が滅びるかもしれません。それが私の最も恐れていることです。数字、さまざまなデータによるエビデンスは、そうなる可能性を非常に強く示しています。ずっと前からね。このことがもたらす影響は甚大です。たとえば、悲惨な形での人びとの移動、難民化、経済の崩壊などの事態を招き、それは、受け入れがたいほどの苦しみを人類にもたらすことでしょう。私も環境への意識が大いに高まりました。

その意味においては、ベジタリアンになりたいとさえ私は思っています。今は完全なベジタリアンではありませんが、食事の少なくとも八〇~九〇パーセントは植物性のものを摂取しています。これは私にとって新しい経験ですね。とくに肉を食べると、最近は、不当なものを食している気分になります。こういう感情を抱くようになったのは初めてのことです。

「カイロスの前髪」を放してはいけない

――生態学的な問題を重視しているとおっしゃいましたが、これはコロナとは関係なく、ということでしょうか？　それとも、コロナの問題が生じたため、日常生活の中で意識が高まったということでしょうか？

　コロナ危機は、私の意識経験（conscious experience）の基本となる規定要因、言わば思考のベースになるパラメーターを変えました。今までにない見方をするようになったのです。さらに言うと現実の……倫理的な現実の感覚が変わったのです。新たな観点で現実を見ると、危機が、より可視化されました。可視化されたことと現状は、ほとんどパラドックスになっています。

　同時に、私たちがやるべきことも飛躍的に可視化されました。急激にね。目に見えない存在のおかげで、やるべきことの可視化も進んだのです。無色で目に見えないものが、人間の行動を可視化しました。この新しい意識が、倫理的進歩（moral progress）と、新たな啓《けい》蒙《もう》主義（new enlightenment）につながる可能性があります。このことは私の著書*Moral Progress in Dark Times*（暗い時代での倫理的進歩）にも書いています。そう思うと私は楽観的になれるんです。善と悪は可視化できるということですからね。

カイロスは通り過ぎてからではつかまえられない
（Francesco Salviati 画）

ただし、このような素晴らしい発見を失う恐れは、まだあるのです。このチャンスを逃してしまうかもしれない恐れが。まだはっきりとはわかりませんけれどもね。

有名な神話があります。ギリシャ神話に登場するチャンスの神カイロス（Kairos）は前髪が長い。彼をつかまえるには、彼が通ったり近づいてきたりしたときに、前髪をつかむしかありません。通り過ぎてからではつかまえられない。後頭部には髪の毛がないからです。

カイロスは私たちに近づいていたのです。そして今、私たちは彼の前髪をつかんだのだと思います。そして、その髪を手放しつつあるのかどうかは、定かではありません。

――実際に今、起きていることについての質問です。ベルリンでは〝反マスク〟デモが起きています。なぜでしょうか？　ご自身はどう思っていますか？　ショッキングな光景です。このコミュニティはどんなことを主張しているのでしょうか？　あるいはどういう現象なのでしょうか？

デモが起きている要因は複数あると思います。一つはSNSなどを通して政府に政治的影響を与えたいということがあるでしょう。ベルリンで行われているコロナ関連のデモは、公共の場で政治的メッセージを発信している側面もあります。それが一つの層です。中には極端な左翼系、右翼系の人びともいます。そして忘れてはならないのが、〝巻き添え被害〟を真剣に心配している人たちです。彼らの主張には一理あると思います。私は賛同しませんが、理屈は通っています。

先ほど言及したとおり、スケールの「10」がウイルスを恐れて一歩も家から出ない立場、「1」がウイルスなど存在しないと言って、コロナを否定する立場だとしましょう。私の考えとは異なりますが、「1」に近い、「3」くらいの立場を取る真面目な人たちがいます。「3」の主張は、〝ウイルスは危険だけれど、取られている対策が適切ではない〟というものです。私はそう思っていなくて、多くの場所で取られている対策は効果的だと考えています。でもだからと言って彼らの主張がおかしいとも思いません。

あまり支持は集めていないものの、デモをしている人たちの中には「3」の人たちがいます。彼らは、たとえばこう考えます。「今の対策のままだと、経済的な影響が言われているよりも大きいのではないか、さらなる経済危機の引き金を引いてしまうのではないか」とね。

もしかしたら彼らが正しいのかもしれませんが、数字が出ていないのでわかりません。私たちが経済危機にどう取り組むかにもかかってくるでしょう。

また、マスクを着用することで起きる〝巻き添え被害〟についても想像してみてください。たとえば、飲食業界への大打撃が挙げられます。将来、いろいろなウイルスが出てきたときに飲食店は感染の危険がある場所と見なされるでしょう。しかしそのとき、実は飲食店に行かないことが、人間にとって惨事となるかもしれません。社会にさまざまな歪《ゆが》みを与えるかもしれませんからね。

あるいは、民主主義が崩壊するほどの大規模な経済危機が起きると想像してみてください。そうなると、逆説的な言い方になりますが、民主主義のためにと主張して今デモを行っている人びとは、実際に民主主義のためにデモをして、結果、民主主義を危うくさせていることになりますね。繰り返しになりますが、彼らには同意しませんし、議論もしていきたいと思っていますが、彼らの主張自体は抑制されるべきものではないのです。

以上のような立場の人たちがデモに参加しているのだと思います。それで彼らはマスクを着けないのです。

誰が正しいかは歴史が判断するでしょう。私は「6」や「7」の立場が客観的に見て正しいと思っていますが、「3」も理論的には間違いだとは言えません。「1」のコロナ否定派の極左、極右の人たちは間違っています。私は彼らの主張は否定します。彼らは民主主義への懐疑派です。

私は同意はしませんが、理屈の通った規制反対派もいるということです。

衛生主義が引き起こす差別

——最近日本でもコロナの状況で憂慮すべきことが起きているようです。たとえば、感染者が急増した東京の人たちが外に出ていくと、嫌がらせを受けてしまうなどの現象です。人びとのウイルスへの恐れが原因なのかもしれませんが、同様なことがここドイツでも起こっていると思いますか？

そうですね、二〇二〇年の三月か四月でしょうか、ロックダウンが起きたとき、まさに、ドイツ国内でもそれぞれの州が車のナンバープレートを確認するなど、同様な現象が起こりましたね。州の境界線を越える移動が制限されていたので、州を跨《また》ぐことが不可能に近かったのです。しかし、もともとベルリン近郊のメクレンブルク＝フォアポンメルンという素敵な州やハンブルグに住居を構えている人も多いのですから、他州に別宅があるのに、ナンバープレートが違うと移動を禁止されるというのも、まったく馬鹿げていました。

こうした現象も、すでにお話しした「衛生主義（hygienism）」と私が呼ぶ思考が引き起こしたものですね。衛生主義は人種差別に近い概念なのです。こうした移動にまつわることで理不尽な思いをした被害者は、衛生に関する誤解によって、ターゲットにされた人たちと言えるかもしれませんね。そして、この現象は世界中で起きました。私の記憶が正しければ、ドイツでは二週間程この現象について議論され、その後、なんとなく消滅しました。まだ所々で少し残ってはいますけれどもね。日本と同様の、ウイルスにまつわるあらぬ差別はドイツでもあったわけです。

しかし日本とは異なり、私たちには東京のようなとてつもない都会の中心、センターがありません。日本には東京や横浜など複数の、ある意味この地球上で最も人口が多く、文明的で構造的、かつ現代的な場所があります。日本では、こういった中心とその周りの地域という、人口の集積でも経済的にも、明らかな落差がある地域形態が、さまざまな衛生的懸念を引き起こしているのだと思います。

人びとの心理の変容が生み出す二項対立

――ドイツ全体の視点から、もっと個人にフォーカスした場合、コロナによる人びとの心理の変容は、具体的にどんなものだったと思いますか？

ええ、人を糾弾する行為が、残念ながら驚くほど蔓延《まんえん》しましたね。近所同士でも、コロナによる規制をどのように解釈するのかを、相互にチェック、観察し合うとかね。現在の感染者数は知りませんが、ある時点では感染者数よりも糾弾された人口のほうがよほど多かったのではないかと私は思います。本当に多くの非難、糾弾がありました。

そうした糾弾といった類《たぐい》の馬鹿馬鹿しい光景は、私の周辺の人びとの間でも起こりました。それほど笑えない話なのですが、当時は二つのウイルス学のいわゆる「学派」による真剣な議論がなされており、人びとをそれぞれ二つの「チーム」に分けてしまったのです。私の友人であり、ボン大学の同僚でもあるウイルス学者のヘンドリック・シュトレークのチームと、ベルリンを拠点とするウイルス学者のクリスティアン・ドロステンのチームとです。ちなみにドロステンは二〇一七年までボン大学の教授で、その跡を継いだのがシュトレークです。この二人がメディアで最も有名なドイツ人ウイルス学者で、ドイツ内の議論にはそれぞれ重要な役割を果たしました。

このシュトレークのチームとドロステンのチームのそれぞれの見解は、メディアでも大きく扱われ、また、実際に議論もありました。まさにボンvs.ベルリンの戦いの様相を呈していました。このシュトレークvs.ドロステンの件は、さまざまな面で政治的な対立の要素もはらんでいました。ドロステンは次期首相候補のアドバイザーでもありますからね。それから、ベルリンには私たちがいるボンが、再び政治的に優位になるのではないかという根深い恐れもあったのでしょうね(笑)。

このように、純粋に科学的な論争が、政治的、経済的、社会的……さまざまな要素を含んで拡大し、どちらのチームに所属するかが問われることにまで発展していったわけですね。シュトレーク・チームは「チーム・サイエンス」と自分たちのことを呼び、それは「科学」の別名なのだと言い出す人まで出てきました。

――では、ドロステン・チームはサイエンスではないという意味ですか?

もちろん両者ともに、サイエンスです。ドイツにはそのほかにも著名なウイルス学者がたくさんいて、彼らは、みな、優れたサイエンティストなのです。

しかし、メディアの伝え方やチームの個性によって、彼らのパンデミックに対する接し方の違いが現れたのです。シュトレークはつねに、科学的根拠やさまざまな面から、できるだけ早い合理的なロックダウンの解除を支持していました。彼の両親はともに精神分析医ですから、そうした彼の生い立ち、家系の人文学的要素も影響しているかもしれません。

ドロステンに関しては、よくわかりませんが、チームというより一つの集団と言いますか、いずれにせよ、パンデミックについて考える際に、二人とも誤った方向に導かれていったように私には見えました。

こうしたケースが象徴的なように、パンデミックへの対処の仕方、その社会的な選択において、世界中がまるでサッカーの対決のように考えてしまったところがあったのではないでしょうか？　ヨーロッパではパンデミックがサッカーに置き換えられてしまい、日本では、もしかしたら、オリンピックに置き換えられてしまったのではないでしょうか？残念なことに、私はパンデミックが、それぞれの国同士の競争、言い換えれば国家主義的オリンピックに見えてしまうのです。それぞれがそれぞれの戦いをしていました。ドイツでチーム・シュトレークvs.ドロステンがサッカーへと置き換わってしまったようにね。

日常に起こる「コロナ・ファシズム」

――たとえばですが、誰かがマスクをしていないというだけで言い争いが起こります。マスクをしなければいけないのに、なぜマスクをしていないのか？　こんな状況に出くわしたら、あなたはどうしますか？

そのような状況には何度も遭遇《そうぐう》しました。興味深かった例を一つお聞かせしましょう。私は国立大学の教授であり公務員でもあるため、気をつけてルールには従うようにしています。私自身のパーソナルな判断なども、「法規に対する市民的服従」を具体的に行動で示さなければなりませんから。

この話は気に入っているのですが、弁証法的にお伝えしますね。

ある日電車に乗ってベルリンに向かおうとしていたとき、突然ボンから二時間程の場所にあるドルトムントで停止してしまったのです。もちろんつねにマスクはしていました。ドイツ鉄道は高額なのに遅延も多く、あまり役に立ちません(笑)。乗り換えの案内が流れ、この電車はベルリンに向かわず、別な電車に変えられるとアナウンスがありました。私は移動についてもエキスパートですから(笑)、駅員たちの言うことはあまり信頼しませんでした。彼らの進める方法だとドルトムントで二時間も待つ羽目になり、すでに夜も遅く……。もっと早くベルリンに着くためには、ハノーファーから行けば良いと計算したのです。

そこで、別の電車に乗り換えたのですが、この電車では、ハノーファーでの乗り換え時に線路を変えなければならず、ほかの乗客たちと一緒に必死で走らなければなりませんでした。五〇人くらいの人たちがホームを全速力で走り回っていたのです。ちょっとクレイジーな状況でしたね。なんとか二両目の電車に辿り着いたらガラ空きで、誰もいない個室に入りました。重い荷物を持って走り回り、息が上がってしまっていたので、私はあわてて水を飲むためにマスクをはずしました。

マスクを取ったそのときです。突然警官が近づいてきて私を触り、「マスク着用は義務ですよ」と言ったのです、強い調子で。私は「息ができない（I can't breathe）」と、必死で答えたのです。息を切らせた私の精いっぱいの言葉でした。そして、さすがにこれは問題になるかもしれないと気づいた彼は、すぐに私にマスクを着用させるのをやめました。警察によってなされたからというわけではとくにありませんが、この状況下で、日常法律に従っている市民に対して、このような異常な糾弾があったということです。まるでコロナ・ファシズムです。

私はそのとき、本当に息ができなかったのです。そのまま警官に従ったら、呼吸困難に陥ったかもしれません。水を一口飲みたかっただけなのに、急に警察が触ってきた。おかしな話です。しかも今は勤務中か尋ねたところ、答えはノーで、彼は、実は勤務中ですらなかったのです。

法に従わない自由もある

これはもちろん少し特別な状況でしたが、もちろんそのほかにもたくさんの同じような状況の人たちを目撃しました。もし電車でマスクをしていない人を見かけた場合、そうした人たちに私はどんな言葉を口にすべきか考えましたが、何も思いつきませんでした。一言もありません。なぜなら、この状況下で、しっかりと法を尊重しない人たちは二〇パーセントにも満たないほど少ないからです。では、この二〇パーセントの彼らは危険なのか？　感染という意味でも危険とまでは言えません。

もしかしたら私や他人にとって危険な人たちかもしれません。しかし、危険な人はそのほかにもっといます。よって、私が行動を起こさなければならないほど私にとって危険であるとは思わないのです。ですから、何も口にはしません。

「一市民として、マスクをつけない人に私が干渉する義務がどうしてあるのでしょう？」

知らない人たちが暴力的にやり合っていたとしても、私は、干渉はしません。放っておきます。日常法令を遵守している市民の一人である私に、法律の違反がなされた場面に首を突っ込む役割はないのです。民主社会は法律違反に耐えられると思いますし、違反を取り締まるために法律があるのです。

一市民として、マスクをつけない人に私が干渉する義務がどうしてあるのでしょう？　法律違反をするのは彼らの権利であり、私には、「やってはならない」と伝える役目はないのです。もちろん彼らがマスクをしないことで他人を危険に晒《さら》しているかもしれません。しかし、人はつねに他人を危険に晒しています。

つまり、民主社会では、このような状況下で意見する行為は不道徳だと思うのです。意見するのは、あなたの役目ではなく、警察のように意見するのが仕事である人の役目だからです。ドイツでも殴り合いの喧嘩《けんか》がたくさんありますが、これはお互いが話し合いをするから起こるのです。もちろん、先ほども言ったように、このような人たちは多くとも二〇パーセントいるかいないか、取るに足らない人数なのです。

民主社会では、法に従わない人たちがいることも認めなければならないと思います。

言い争いを止めることでは社会は変わらない

――つまり、言い争いに首をつっこんでも人間社会は変わらないのですね？

変わりません。

どうやって変えるというのでしょう？ ドイツで電車に乗る何千人もの人を説得する、永遠に終わらない作業になってしまいます。それに、「私はマスクをしているのに、この人はしていない」とイライラしますね。なぜ私だけがマスクをしなければならないのかと、恨みや妬《ねた》みを感じるかも知れません。でも、これも不合理なのです。

私は法で定められているからマスクをしますし、マスクをすることがパンデミックに対して有効だと理解もしています。パンデミックに立ち向かうのに、現在では最も経済的で、安価でスマートな方法なのです。衛生観念を持つこと、マスクをすること、距離を置くこと。ドイツではAha!「なるほど！」という意味でもありますが、Abstand（social distance：社会的距離）、Hygiene（Hygiene：衛生）、Alltagsmaske（Mask：マスク）の頭文字三つで、AHAとして知られています。

私はこのルールを守ろうと思いますが、人によっては手を洗わなかったり、ハグをしたりしてルールに従わず、感染する人もいます。しかし、マスクをしていても感染することもももちろんあるのです。感染防止が完全に保障されているわけではありません。もしマスクをすれば完全かつ確実にパンデミックを防ぐことができるというのであれば、また違った倫理観があるのだと思いますし、私も言葉を投げかけたことでしょう。でも現状は違います。

もちろん今後の状況で判断を変えるかもしれませんが、少なくとも現在においては、二〇パーセントの人たちがマスクをしないのは健康上の重大なリスクではないと、私は考えます。

II章

思考で倫理は進歩する

パンデミック下で新しい概念は生まれるのか

――では、次の質問です。あなたは哲学者としてパンデミックにどう向き合おうとしているのでしょうか。

たとえば、フランスの哲学者ジル・ドゥルーズにとっての哲学は、問いを提示し議論を構築するものだったと言えると思います。パンデミックの状況下でどのような問いがあるでしょう？　また、この状況下での新しい概念はありますか？

現在、パンデミックの危機への対応として、新啓蒙主義や新道徳的実在論など、私の哲学研究で新たに発展しているたくさんの概念があります。この新道徳的実在論や新啓蒙主義などのように、「新しい」という形容詞を付加することにより、私は、これまでに認識されていなかった特徴を強調しています。

私は、構築(するもの)として哲学を考えたドゥルーズとは異なり、哲学は発見(するもの)だと考えます。つまり、ドゥルーズは哲学、すなわち創作活動により、以前は存在しなかったものを作り出せると考えていました。

私は、ほかの科学が、いわゆる「規律」に沿うように、哲学も発見の論理に沿っていると考えます。つまり、私が「発見した」と思うところを、ドゥルーズは「創作した」と思うわけです。

もちろん、私も文章を書いたりして、本を作り出します。私には見識(insights)があり……、いや、あると願っていますが、私は事実を作り上げることはしません。哲学的事実、つまり哲学の地形(landscape)はすでにある、と思っています。

変化するのは状況です。もちろんこのパンデミックもまったくの新しい状況です。新型ウイルスが人間の間で広く感染するのは新しい状況なのです。

しかしながら、この危機的な問題の解決という概念は新しくありません。新しくなり得ないのです。これに関して新しいのは本であったり、単語であったりするわけです。私のすることと、ドゥルーズがしていると思っていることには大きな違いがあります。

進化する「道徳哲学」の論理

——このパンデミックの時代に、哲学が新たな発見をすることは可能ですか?

私が発見したのは、倫理の進歩について書いた本から得たアイデアでもあるのですが、次のようなものです。

私たちは倫理の変化について、どう考えるのでしょうか。今話題の人種差別や男女差別など、ある種の不公平に対してもっと見識を深めるなど、自分たちの言動を変えるとしましょう。この見識があれば、どのような進歩があるのでしょう。

私が発見したのは二つの事実(facts)を結合させたものです。まずは倫理的に明確なもの、全人類に受け入れられているものですね。すなわち、子どもに拷問しない、老人を階段の上から蹴り落とさない、殺人しないなど、誰もしようとしないことです。こういった、暴行を避けようとする人間の一般的な傾向を、倫理的に明確なものと私は呼びます。

暴力的な人でも、暴行をつねに働いているわけではありませんよね。ヒトラーや毛沢東以上に暴力的な人はいないと思うのですが、彼らでさえ四六時中暴力的ではありませんでした。

つまり、普遍的な倫理の基礎があり、これらは万人に受け入れられているのです。では、私たちはどのように倫理を発見するのでしょう。

倫理的ではない事実(facts)と倫理的に明確なものとを結合させるのです。

たとえば、つい最近まで、もちろんみんながみんなではありませんが、同性愛者の関係を非倫理的だと思う人たちもいました。同性愛がある種の病気だと考える人もいたからです。でも、蓋《ふた》を開けてみれば、どの集団でもそれはまったく病気なんかではありませんでした。動物にだって同性愛という形がありますし、人間にも歴史上長い間、同性愛者はいました。

こうした状況を踏まえれば、病気ではないことがわかります。同性愛者はただ同性愛者であるということであり、何も悪いことではありません。この新しい見識によって、私たちは自身の倫理的判断を調整し、倫理的進歩が起こったのです。今度は、客観的および公式に、人間の同性愛行為が非道徳的だと思うことが非道徳的だと考えるように変化したのです。

この場合、倫理的発見とは、「倫理的に明確な証拠」に、科学からであったり、社会学からであったり、人文学からであったり、または旅などさまざまな地での経験から得た、「倫理的ではないとする証拠」を組み合わせることで生まれたものだということです。

これまで自分が知らなかったことを教えてくれる人に出会うこともあります。たとえば、日本で日本人の友だちに対して良くありたいと思うのであれば、お椀の持ち方がその倫理的な役目を担うこともあるのです。誰かがお椀の持ち方を教えてくれたら、相手に礼儀を示すためにも、その持ち方をしようと私は努力します。

私の発見は、つまり、倫理的進歩とは、倫理的に明確なものと倫理的な見識のないものを合わせたものなのです。この上で、新しい倫理的な見識を得られるのです。これが私の本で説明している倫理的進歩の論理なのです。そして、これは哲学での新しい発見なのです。一つの道徳哲学です。

これまで、倫理的進歩は私たちの行動や実践を見直すことからのみ起こり得ると考えられていました。

しかし、過去に過ちだとされていなかったことでも、過ちであったと主張できないわけではありません。

私たちは、奴隷制度は非倫理的だと考えます。しかし、アリストテレスは奴隷制度に問題はないと考えていました。

もし単に私たちの行動を変えることが倫理的進歩を意味するのであれば、アリストテレスは過ちを犯さなかったことになります。しかし、アリストテレスは奴隷制度に賛成し、過ちを犯したのです。では、アリストテレスの過ちとはなんだったのか。私に言わせれば、彼は事実をきちんと把握していなかった、ということになるでしょう。

数字の上に構築される哲学

――すでに少し触れたことですが、もう少し掘り下げてお聞きします。数学には比率(ratio)や論理があり、その上に哲学があるとおっしゃいました。数学など私たちは数字に信頼を置きますが、その上にある哲学の役割はなんでしょう？

私たちの社会は、驚くほど数字の上に構築されていますね。わかりやすいもので統計学や経済学なども数字で成り立っています。しかし、さまざまな分野の序列(order)で、哲学は普遍的に一つ上のレベルに位置しています。しかし、人びとは数字のように哲学を信頼していません。これは数字を間違えている社会と同じくらい良くないことです。

哲学は正義という概念を私たちに与えてくれ、それは全哲学的分析の中心にあるものなのです。経済学的には不平等が純粋な悪にはなりませんが、哲学は、なぜ不平等が悪いのか教えてくれます。

ＧＤＰが上がることによって経済が成長し、貧困層の人たちが少し裕福になれるという昔ながらの議論がありますね。ほぼ無限に不平等になるにもかかわらずです。貧しい人が、わずかながら裕福になったとしても、不平等の差は大きくなります。この昔ながらの議論がアメリカの新自由主義の基準でした。

経済学的な議論はありますが、問題は、不平等が増せば、同時に不公平も増すということです。

わかりますか？　数字は正義を曲げて伝えてしまうのです。その点、哲学は、なぜ不平等が増せば不公平につながっていくか、その理由をただちに教えてくれます。

ですが、経済学では、貧しい人が富を得ているということだけしか教えてくれません。数字上ではそうですよね。しかし、富裕層と貧困層の差の大きさは、正義という観点から重要視されるべきなのです。現在アメリカで起こっているように、民主主義の土台を壊してしまいますからね。

中国はこのことに気づいているので、中国共産党は大富豪たちをターゲットにするのです。共産主義であるからだけでは、もちろんありません。共産主義でも莫大な富を得ることはできます。しかし、貧困層をさらに貧しくさせない、避けなければいけない不平等があるのを彼らは理解しています。

私が言わずとも、プラトンもアリストテレスも同様なことを言っていますよね。伝統的な哲学は、経済的な進歩は倫理の進歩でもあるべきことを教えてくれます。さもなければ、うまくいかないのです。

つまり、いわば二つの不平等があるというわけですね。このケースでは政治哲学の分野ですが、つまり哲学が専門とするところなのです。

つねにメタレベルにある哲学のものの見方

つい先日、ハーバード大学のマイケル・サンデル氏と討論をしました。彼は、適正な資源配分はいかにあるべきかを研究していることでも有名ですね。資源配分は、正義の哲学分析の一部だと議論しています。哲学がものごとを観察するという意味において、一つ上のレベルに位置しているからこそなせる議論だと思います。

今私の頭の中にある、ほぼ数学的、論理的で哲学的なたとえをお伝えしましょう。数学的形式体制(mathematical formal systems)と呼ばれる、さまざまな体制、システムがあります。数学には、単一の数学というものがありません。一つの数学理論はそれがどの公理(axiom)を選択するかによって変わります。

たとえば、そうですね、あなたの数学理論は、十進法に依存していますよね。

十進法では一〇まで数えたら次に移ります。別なシステムもありますが、十進法という公理を選んだことによって、ある程度の数学的真実は得られます。しかし、数学だけではどの公理が正しいかがわからないのです。そもそも、数学には「公理の選択の仕方」が含まれていないからです。

哲学では、どの公理を選ぶのがより良いのかを議論します。つまり、哲学は数学より幅広く、研究や数学を導くことさえできるのです。とくに二〇世紀に数学が飛躍的に進歩したのもそのお陰です。哲学と数学の交流による素晴らしい科学の発展があったのです。

数学者であり哲学者でもあるクルト・ゲーデルよる「不完全性定理」という素晴らしい実績がありますね。彼の発見は、コンピューター科学の基礎に大きく貢献しています。同じくして起こった過去の発展として、量子力学や相対性理論の発見が有名ですね。進化論はまさに、優れた科学者や数学者が、言わば一つ上の層で考える優れた哲学者と協力しあって出てきたものです。

しかし、一つ上の層にいると言っても、下層で何が起こっているのかを熟知しているわけではありません。多くの場合、優れた哲学者が必ずしも優れた数学者ではないのです。しかし、数学者との話し合いの中で、哲学者が枠組み(framework)自体の過ちを指摘することができるのです。

これらが、哲学者ができることですね。私たちは、哲学で「論理」と呼ぶ、合理性の最も高い位置にある理論を提供するのです。ですから、哲学の分野で最も重要なのが論理なのです。

哲学の学生に最初に教えるのが論理であるのも、こうした理由からです。哲学者になるためには、まず論理の試験を通らなければなりません。論理とは数学的論理ではなく、哲学的論理であり、哲学的論理はすべてにおいて最も高い所に位置する分野なのです。なぜか。それは、人間の思想とはそれ自身について考えるという行為だからです。

哲学の働き

シンプルなたとえを出しましょう。

人間には思想があります。思想は何に関してもできます。

そうですね……たとえば、「7」という数字について考えられます。哲学者のバートランド・ラッセルやマーサ・ヌスバウムについても考えられます。私自身の左手について考えられます。過去や未来など、このように多くのことについて考えられます。

そして、たった今行ったように、思想についても考えることができるのです。何についてでも良いという思想について考えたからです。私が今行ったのが哲学です。思想が自らのことを考えるのが哲学的行為なのです。

哲学者はつねに一つ上のレベルにいます。しかし、最も高い位置にあるのが、思想がそれ自身について考えることです。これが哲学の働きなのです。

数学は数、物理学は宇宙、生物学は生体、経済学は……たとえば価値の生産など、経済学が研究することについてです。政治学は権力の機構など、これらの分野には対象となるものがあります。

しかし、それぞれの分野に対象物があると、その分野自身が認知しているのは哲学以外にないのです。

もう一度言いますが、これが哲学なのです。私が今行ったのは哲学です。これより上のレベルはありません。

古代ギリシャの哲学者が、哲学者は神にほぼ等しいと考えたのもこれが理由です。プラトンやアリストテレスらも、思想が自身のことを考えているのは神に等しいと考えました。彼らは神について間違っていましたが、哲学に関しては正解でした。

「近代化」の際に生まれた過ち

もう一つ、このことについて興味深い話があります。

二〇世紀に活躍したアラン・チューリングはコンピューターサイエンスに新しい分野をもたらしたと言える、素晴らしい数学者として有名ですね。コンピューターにチューリング・マシンの概念をもたらし、この分野を新しいレベルに引き上げました。ある限られた分野内では天才的な仕事をしたと言えるでしょう。しかし同時に、アラン・チューリングはひどい哲学者でもありました。結果として、現在人類を大きな脅威に晒《さら》しているAIを作り出してしまったのですから。

とても優れた数学者と、非常に悪い哲学者が一緒になると、アラン・チューリングのような倫理的な死角をもたらすような人物が生まれて、人類を破滅の危機に陥らせてしまうのです。

同様に、アインシュタインほど優れた物理学者はいません。しかし、彼はまあまあの哲学者でした。それほど悪くもなかったのですが、良いとはとても言えない哲学者でした。物理学に長《た》けているほど、哲学には長けていませんでした。

結果として何が起こったでしょう。原子爆弾の発明ですね。これに似たことは数多く起こっています。

ある分野に優れているのに、思想が自らを考える力が欠けて、自分の思想の背景や、社会的な文脈などが把握できなければ、その思想は人類に良からぬ結果を招くのです。これが、近代化の際に、過ちが犯されてしまったと私が思う理由の一つです。自然科学とテクノロジーの発展を、哲学の見識から分離しはじめてしまったのです。いずれも同じレベルであるべきとしていた啓蒙主義の原則を破ってしまったのです。

私は自然科学とテクノロジーに反対しているわけではまったくありません。しかし、それらは哲学が目指すところに誘導されるべきだと思っています。哲学者に、もっと権力を与えて欲しいとか、哲学者が偉大であるからなどではなく、これが物事の道理なのです。物事の道理を尊重しなければ、良い結果にはならないのです。

哲学者の言葉に限界はあるのか

――古代ギリシャ人は哲学者がほぼ神だと言いましたが、あなたも「ほぼ神」なのですか？（笑）

いいえ（笑）。古代ギリシャ人の間違いが、そこにあったと私は言っているのです。哲学者たちはただの人間です。私たち人間は、神の領域に立ち入るべきではないのです。ここが、古代ギリシャ人たちが誤ったところかもしれませんね。残念なことに、これこそがキリスト教の神学へと導いてしまったのです。プラトン主義と聖書の融合なくして、中世のキリスト教などはありえなかったのです。もちろん良い結果にはなりませんでしたね。ですから、私はこういったレベルを「神性」とは呼ばないのです。それゆえに、さきほどから「思想が自身を考える」などという表現を使っているわけなのですが。それ自体が特別な思考法だからです。

「神性」と呼んでしまうと、無条件で賛美してしまいます。私はそのような賛美をしたくありません。どちらが優位かなどという観点からも考えたくないのです。

私はただ秩序の説明をしようとしているだけなのです。しかし、残念なことに古代ギリシャの哲学者たちの多くは一般人の上にいることを望み、自分らの地位を引き上げたくて過ちを犯したのです。それは、まったくもって私の意図することではありません。

――あなたが神でないことは理解できました(笑) でも、私たちの質問すべてに対して、あなたはすでに答えを持っており、整理しているように思えます。あなたが言葉を使って表現できないことは存在するのでしょうか?

良い質問です。私たち哲学者が「言葉で表現できない」または、「言葉で言い表せない」

と呼んでいるものが存在するのか？

私は存在しないと考えます。ただし、言葉ではない物はあります。

たとえば、テーブルは言葉ではありません。また、言語構造のない見識というものがあります。思想に言語があるとは思いません。つまり、日本語を話す人間が私と違った考え方をするとは思いません。しかし日本人は、私が考えられない思想を持てると思っています。

あなたが日本語のネイティブスピーカーだったら、あなたは私が考えられない思想を持つことでしょう。しかし、それは、私と違った考えだというわけではなく、私と同じように考えることができるということなのです。私とは異なる思想で考えるけれども、考えるという行為においては同じはずなのです。

そうした意味において、自然の言語で言葉で表現できないものはないと思うのです。言語でないコードで私の思想を表現したとします。たとえば数学や芸術、感情、それから情景などですね。私が見ているあなたは言語ではありません。私の視野の主観的なコードは言語ではありません。

神経同士は、言語で話しません。ドイツ語でも話しませんし、脳はドイツ語でも日本語でも英語でもヒンドゥー語でも話しません。違うコードがあるのです。しかしながら、私はなんでもすべて口で言えます。ただ、口に出していうと、実際の物からは違うものになってしまうのです。テーブルという言葉はテーブルそのものではないのです。この場合は、テーブルは言葉で言い表せない物なのです。

しかし、私はテーブルという言葉を使えます。

言葉があるということは、昔から存在する哲学のパラドックスなのです。このパラドックスについては私もよく考えました。言葉では言えないものに対しての言葉があったとしても、私はたった今それを言ったのです。言語で表現できないことがあるとしても、これも私がたった今表現してしまいました。つまり、言語で表現できないものはないのです。

もし言語で表現ができないのであれば、それを表現してみましょう。「言葉で表現できないもの」——ほら、表現できましたね！

そうした意味で、言語には限界がないのです。言語は無限なのです。

「謎は存在しない」

——表現するから無限で、表現するから「存在する」のですね。

その通りです。現実には、人間の思想で照らし出せない闇はないのです。

私は、これらの見識をドイツ観念論と呼ばれるものから得ました。ヘーゲルがベルリンで行った講座のオープニングで言ったのですが、世界は思想に抵抗できるだけの力を持たない、と。世界は私たちの思想に耐えるには弱すぎる、と。

もちろん私たちには永遠にわからないことがあるのはわかっています。

少なくとも一四〇億光年以上先のことは、現在の宇宙論ではわかりません。もし宇宙論が唱えるように、宇宙が広がり、膨張しているのであれば、私たちは一四〇億光年先に接近できないのです。

事象の地平線がありますからね。もしこれが本当であれば、私たちが永遠にわからないことは存在するのです。しかし、それを表現することはできます。たった今、行ったように。こうした意味で、思想には境界がないのです。

こういった思想は無限であるという基本的な見識は、プラトンからヘーゲルまでの歴史の中でずっと存在しているのです。

この思想は時折、観念論とも呼ばれ、私はこの意味で使われるときのみ「観念論」に同意します。

――シンプルにお聞きしますが、説明できないことはありますか?

私マルクス・ガブリエルが説明できないことはたくさんありますよ。ひも理論や、量子化学について何も知りませんし説明もできません。量子化学についてはほとんど考えもしませんし。自分でも説明できないと理解していることはたくさんあります。

しかし誰も説明ができないという物はないのです。

原理上、現在のウイルスを説明できるかと言われると、今はできません。しかしその本質を表現できないわけではないのです。そこには謎がないのです。

こう説明させてください。

哲学者のウィトゲンシュタインは、著作である『論理哲学論考』の中で、「謎は存在しない」と提唱しています。最も深い見識の一つだと思います。また、ヘーゲルも同じく、エジプトの謎はエジプト人にとっても同じく謎であったと言っています。元々謎がないからです。未知の空間、トワイライト・ゾーンなど存在しないのです。

――たとえば、私が原子爆弾について話すとします。あなたは準備もしておらず、情報も背景も知らないため、この話ができません。表現ができませんよね。でも、表現すれば思想を介入させることはできる、つまり、すべてのことは口にすること、言葉にすることができるとおっしゃるのですね?

まったくその通りです。言語も思想も無限です。

思想に境界線はなく、この意味においてのみ全能なのです。思想とは原始的実在なのです。測定可能な宇宙の物理的実在性は、つねに本質的に二番目に、そして思考がその上にあるのです。

Ⅲ章

唯物主義を越えて、正しく錯覚せよ

「唯物主義」が人類の破滅を招く

最近になってのことなのですが、私たちは過ちを犯しました。すなわち唯物主義です。物質的な世界(universe)、物が思想より重要とされる考えは、人類の歴史上かなり最近になってからの誤解であり、私たちをほぼ破滅に追いやろうとしています。明らかにしておきたいのですが、唯物主義は人間が抱く思想の中で、最悪なものなのです。

国家社会主義は悲惨な思想でした。私が知る最も過激な悪に人びとを導きました。毛沢東の思想も多くの悪を引き起こしたことは歴史が明らかにしています。これらは悪質な思想です。しかし、信じ難いことですが、これらよりもさらに悪質な思想があります。それが唯物主義です。なぜなら、唯物主義は全人類を破滅に追いやるからです。

反ユダヤ主義は悪夢でした。人種差別も悪夢です。女性差別も、どこからその批判を始めてよいのかさえわからないほどひどいものですね。しかし唯物主義は、そのすべてよりさらに悪質な思想なのです。

唯物主義では、思想が物質のあとに来て、思想は存在しないとされることさえあります。意識の実在(reality)を否定し、意識を脳の状態だとする人びとは、現実(reality)について最悪な過ちを犯すのです。私たちはこのことから学ばなければならないと思います。

唯物主義者たちの狭いコミュニティーの外にいる人たちはみな気づいています。先住民、特定の宗教を信じる人びと（馬鹿げた宗教もありますが、良い宗教もありますね）、それからほぼすべての哲学者たち、などがいます。唯物主義の観点は、実に少数派の観点なのです。哲学の歴史上、最悪な観点です。

哲学は唯物主義を反証することで生まれました。プラトンやアリストテレスのような、いわゆる西洋の初期の偉大な哲学者たちは、唯物主義を反証しました。彼らの書物には唯物主義の欠片《かけら》もありません。

唯物主義に後退するなど、なぜ人間はこれほどにも愚かになれるのでしょう？　唯物主義は、哲学で最も反証されている観点です。「2＋2」が「5」であるくらいにおかしな主張なのです。

しかし、とりわけアメリカ合衆国では、とてもパワフルな世界観であり、エンジンとなっているように見えます。

彼らの唯物主義は学界を含め、多くの場所にしっかりとした足場を構えていますが、本当に悪質な形而上学《けいじじょうがく》だと思います。

前にも述べましたが、これが人類の破滅を招くかもしれないのです。

以前、日本を訪ねたとき、取材に対してもお答えしたと思うのですが(「欲望の時代の哲学～マルクス・ガブリエル　日本を行く」二〇一八年七月放送　NHK　BS1)、「自然主義」が最も危険な問題だとお話ししたとき、私が意図していたのもこのことです。「自然主義」と「唯物主義」は同一のものとは言えませんが、同じ範疇《はんちゅう》のものだと言えるでしょう。

人類の倫理的調和とは何か

私は、唯物主義を非難しています。人びとは不安になっています。人類の倫理的調和とは何でしょうか?

たとえばアメリカと中国というように、なぜ異なるグループやアイデンティティに分かれてしまっているのでしょう? この分裂は何に起因しているのでしょう? 原因は唯物主義です。

人間を融和させる世界共通の絆《きずな》、おもに私たちの考える能力なのですが、これがあることに気がつかなくなってしまうのです。考える能力は世界共通のはずのものです。思考には私と習近平《しゅうきんぺい》の間に違いがないのです。私に言わせれば、彼は独裁的で、もしかしたら習近平には私とは異なる、あまり感心できない思想があるのかもしれません。しかし、私たちは二人とも人間であり、共通の基盤を持っています。

私たちは、人間性というものが全世界共通であることを理解しなければなりません。もし「人間」という言葉を使いたくないのであれば、思考と呼んでください。この気づきがドイツ観念論の遺産であるわけなのですが、実はドイツに限られたものではありません。仏教にも見受けられるものでしょう。先住民の間にも、ずっと昔からあったとても興味深いものです。

私もつい最近彼らの存在を知ったのですが、コロンビアに住む人口二万人ほどのコギ族と呼ばれる人びとがいます。彼らはほぼ一日中、思考それ自体を考えます。彼らは哲学的なコミュニティで、少なくとも四〇〇〇年前からサスティナブルな暮らしをし、現状を保っているそうです。コミュニティ内の暴力もほとんどありません。これは、つねに哲学を行っているからです。農業のあり方を含め、コギ族から学ぶことはたくさんあります。

唯物主義からの抜け出し方

――子どもにもわかるようにご説明いただきたいのですが、私たちはどうやったら唯物主義から抜け出して回復できるのでしょうか。唯物主義が、つねにすでに私たちの生活の中にあるとしたら……。

そうですね。私たちができるシンプルな練習があります。物質ではない物を考えるのです。たとえばドラゴンです。物質的な宇宙にドラゴンは存在しません。妖精でもいいですし、好きな漫画のキャラクターでもいいです、アニメの物語でも構いませんが、みな物質的には存在しませんよね。

日本のみなさんが思い浮かべやすい例にしましょうか。スーパーマリオブラザーズです。マリオブラザーズは物質的な世界に存在しますか？　もちろんしませんね。では、マリオブラザーズは存在しますか？　もちろんします。そうでなければ、ゲームで何をプレイしているというのでしょう。私たちは、スーパーマリオをプレイしているのです。

スーパーマリオのように、物質ではない物もあるのがわかりますね。つまり、唯物主義は間違っているのです。ニンテンドーでプレイするだけで、あなたは唯物主義を反証したことになるのです。

——私は子どもではありませんが、今のお話は理解できませんでした……。

わかりました。もう少し詳しく説明しましょう。

唯物主義は、実在する物はすべて物質的な物体であると説いています。たとえばこのテーブル、月、太陽、私でもいいです。これが唯物主義です。では、スーパーマリオのように、存在しないから物質になれない物体のことを考えて下さい。

スーパーマリオはどこに住んでいますか？　イタリアではないですね。彼はどこにも居ないのです。

スーパーマリオカートをプレイしても、あなたはどこにも居ませんし、実際にドライブもしていません。すべて想像しているのです。あなたの想像した物体はどこにあるのでしょう？　物質的な世界にはないですね？　もし存在するのであれば、すぐにお金持ちになれます。一〇億ドルを想像すればすぐにその一〇億ドルを手に入れることができるのですから。

しかし、そうはなりません。たくさんの物質的ではない物体を考えることはできます。たとえば、数字の「7」や過去や未来。未来はまだ物質化していない物体です。

スーパーマリオは存在するのか？　答えはもちろん「存在する」です。スーパーマリオは存在すると同時に存在しないのです。彼は物質的な空間には存在しませんが、架空の空間、想像の空間には存在するのです。

禅とニンテンドーの関係とは
――それは良いことなのですか?

もちろんです。善い物はすべて、物質的な宇宙には存在しないからです。善性は、物質的な宇宙にはありません。物質的な宇宙に物は存在しますが、善性はそこに存在しないのです。

私が空腹で、そこにバナナがあったとします。このバナナに善性はありませんが、私とバナナの関係の中に善性はあります。この善性とは、つまりバナナが私の空腹を満たしてくれることです。

しかし、バナナが私の空腹を満たしてくれる善性はバナナにはないのです。私が空腹でないとき、バナナはいりません。バナナだけを取ると、その中に私自身はまったくなく、ただのバナナなのです。空腹でバナナが欲しければ私にとって良いものであるし、空腹でなければバナナなど気にもとまりません。

バナナの善性はどこにあるのでしょう? このバナナの善性は思想のレベルにあるのです。一つ上のレベルですね。バナナは、空腹でバナナ好きの人にとって良いものなのです。

私たち人間が物理的に実在する物にかかわるとき、すでに思想のレベルが関与しているのです。死にそうでないときに限りますけれどもね。

もし空腹で餓死してしまったら、もう気にもなりませんよね。しかし、そんなときでもあなた自身が関与しているはずなのです。

人間には、現実とどんな関与をするにしても、そこに仮想と想像の層があるのです。人間は思想の外で現実と接しません。

現実は思想の外にあるのに、私たちは思想なくしてその現実に関与しないのです。人間は考える動物なのです。

スーパーマリオも「善」の一部分で、素晴らしいです。ニンテンドーがニンテンドーを発明したのが、成功した一つの理由です。もちろん、そのほかにもさまざまな創造的な発明者たちがいますね。

日本のカルチャーには、全世界が夢中になる、とてもパワフルな要素が含まれています。これはまさに、私たちには存在しない物を与えてくれるからなのです。日本は存在しない物を生み出すのに非常に優れた才能があります。

――ですが、私にとって、ニンテンドーは物質です。

ニンテンドースイッチ本体やコントローラーは物質です。しかし、あなたが入り込む世界は物質ではありません。

架空の物なのです。スクリーンに映し出されたただの赤い点を、あなたはスーパーマリオの赤い服だと思うのです。しかし、スクリーンにはそんなものはありません。あなたの頭の中にのみあるのです。あなたはスクリーン上ではなく、頭の中でスーパーマリオをプレイするのです。あなたはスーパーマリオがスクリーンにいると思っていますが、スクリーンには何もありません。

ニンテンドーは思想にアクセスできる物質を与えてくれているのです。これがコンピューターゲームのすごいところです。日本がゲーム産業で世界をリードしている理由は、日本の哲学の歴史、さまざまな形の宗教や精神の使い方の伝統にあるのかもしれません。

禅とニンテンドーには、人びとが考えているよりずっと深い関係があるのです。この二つは対立している訳ではなく、同じ現象の一部なのです。ニンテンドーは物質に見えますが、そうではなく、思考なのです。

精神が体の一部ではなく、体が精神の一部

――それにしても、どうしたら……。

どうしたら唯物主義から自由になれるのか、ですね。あなたが認識していると思う物質的な現実が錯覚であることに気づかなければなりません。そうですね、時間の問題で考えてみましょう。

ここにテーブルがあります。私は今このテーブルを見ています。ここに在り、触ることもできます。私がここから立ち去り、また戻って来たら、テーブルはまだここにあります。(立ち去る前と戻って来てテーブルを見た)二つの時間の間、ずっとここにあったと私は知っています。もちろん消えてなくなりません。

しかし、テーブルのところから去ったときに私のテーブルの幻影や認識は消えました。今はテーブルが見えていますが、ここから離れるときは見えていません。テーブルの認識はどこにあるのでしょう? テーブルも私もまだ在りますし居ます。しかし、テーブルの認識はどこに行ってしまったのでしょう。テーブルの認識とは思考の中で起こるのです。つまり、現実の異なる部位と言えるでしょうか。

このように、思考について考えることによって、唯物主義から自由になれるのです。救

出されるわけではありません。自分の体から抜け出たりはしません。私の体は私の思考の一部なのです。しかし最近では、思考が私の体の一部だと考えられています。つまり、脳の働きだと思っているのです。

もちろんまだ、完全に証明できているわけではありません。ですが、多くの人びとが、思想は電気信号を使った神経細胞の働きだと思っています。しかし、その逆なのです。体が精神の一部であり、精神が体の一部ではないのです。

正しい錯覚で唯物主義から脱出せよ

――では、唯物主義から自由になるには思考について考えるということですね。

その通りです。そうやって唯物主義から自由になれるのです。あなたの人生も変えてくれますよ。なぜなら唯物主義は私たちの消費行動にも関係しているからです。物質を手に入れることだけに興味がある人を物質主義者と呼びますが、彼らは現実(reality)の悪い部分と付き合っているのです。距離を置くことで、ある種の大量消費主義の呪縛からも解き放たれるのです。

私たちには消費資本主義が強要されています。ニュースや広告などのプロパガンダによって商品を購入するように、操作されているからです。素敵だと思う物、たとえば最新のスマートフォンなど、どんな物でもいいです。購入時にはとても素敵に見えますが、買い換える頃には古びて見えます。実際はそんなに変化していません。流行遅れになるのです。

これは、その物体が最初から醜かったことを示します。当時は素敵だと思っていましたが、元々そうではなかったのです。一九八〇年代の映画やドキュメンタリーなど、過去を振り返ってみましょう。当時東京にいた人たちには、八〇年代の東京は、最高に素敵で未来的に見えたはずです。私はつい数日前に、八〇年代の東京の映像を見たのですが、ものすごく古く見えました。しかし、当時その場所にいたら、東京の人たちと同じく、なんて素敵で未来的なんだろうと思ったことでしょう。

プレゼントなど、ある物質をもらったとしましょう。実は、それらはあなたが思っているほど素敵ではないのです。錯覚なのです。あなたは、あるバッグが欲しいと思います。なぜか。広告業界のせいとも言えるかもしれませんね。バッグそのものはほとんど関係ないのです。あなたの頭の中にあるのです。

このことに気づけば、呪縛を解くことができます。ですが、もちろん同時にその物質を楽しむことも可能です。錯覚への権利(right)はあるのです。しかし私たちはまず錯覚を理解しなければなりません。そうでなければ、私たちは私たち自身の錯覚の犠牲になります。これが消費資本主義の問題だと私は思います。さらにそれは、無害ではありません。もし無害であればお勧めしていますが、そうではなく、消費者の錯覚はすべての人間を殺すからです。それほど悪どいものなのです。最悪な錯覚です。

さまざまな商品を購入するとき、ある子どもが亡くなっています。たとえばその商品をつくっているバングラデシュの子どもに直接危害を加えているわけではありませんが、あなたは間接的な殺人を犯しているのです。この害のある錯覚により、児童労働の存続に貢献してしまうのです。

私たちは、この錯覚を見抜かなければならないと言っているのです。ナチスドイツの人たちは、反ユダヤ主義でした。彼らはユダヤ人がああしたこうしたと理由をつけて反ユダヤ主義でも良いと思っていたのです。

ユダヤ人に対し奴隷よりもひどい扱いを行っていた強制収容所もありました。しかし、錯覚の支配下にいた彼らは、自らの暴力的な行動すらも正当化し、問題ない、素晴らしい、と思い込んでいたのです。まったくもって素晴らしいはずなどなく、史上最悪なことの一つでした。

しかしながら、さらにそれ以上に、消費資本主義が悪いと私は言っているのです。先ほど言ったように、消費資本主義は人を殺し、全人類を滅ぼす可能性さえあるからです。ですから、この錯覚を見抜き、そしてより良い錯覚を考え出さなければならないのです。錯覚のない人生はありません。しかし、より良い錯覚はあります。

良い詩はネットフリックスのシリーズ物よりずっと良いのです。なぜなら、ネットフリックスのストリーミング配信は地球を破壊するからです。ネットフリックスのドラマを観ることによって私たちはサーバー、ケーブル、希土類元素、などで地球を破壊しています。詩や小説を読んで下さい。小説は紙を使うので少しは地球を破壊しますが、ネットフリックスの足元にも及びません。

私は、私たちには錯覚する権利があるのだと言っているのです。私は錯覚に大賛成です。ですが、私たちには正しい錯覚が必要なのです。

現在の消費資本主義は間違った錯覚なのです。ここが私にとって不快なところなのです。

パンデミックは反唯物主義

――先ほどの質問に戻るのですが、唯物主義から自由になるには、錯覚を理解し、考え、悪いとわかること。私たちは操作されているので、もう肉を食べない、最新のiPhoneが出るたびに買わない。このやり方でいいですか?

そのやり方で良いのです。代わりに私がお勧めするのは、子どもたちが幼いときから思想について考える分野、哲学を教えることです。そうすれば、彼らはiPhoneに興味を持ちません。iPhoneは全然面白くないのです。プラトンにスマートフォンを与えても、こんなもの必要ない、馬鹿げている、樹を眺めていたほうがiPhoneよりよっぽど興味深い、自然を眺めよと言うでしょう。

しかし、私たちはiPhoneのほうが面白いと思うのです。なぜか? アメリカのテクノロジー企業の独占によって私たちの言動が変えられてしまっているからです。これについては、ちゃんと研究がなされています。私たちは呪縛を解き、何が面白いかを理解しなければなりません。

私もこのパンデミックのせい、否、パンデミックのおかげで呪縛を解いているところです。いくつかの物質に対しての錯覚がなくなりました。

私は僧侶ではありませんから、現代社会にいる一人の人間として、物を消費します。でもそれらの錯覚をちゃんと理解しています。

そうしたら、どうでしょう。最近、ボンの公園で、とてもエキゾチックな緑色のオウムたちに出会うようになりました。彼らがもともとボンにいるのは知っていましたが、ボンの固有種ではなく、どこから来たのかも知りません。しかし、以前私は彼らのことが全然見えていませんでした。

上辺だけの消費資本主義が破壊されたことにより、今はほんの少し自然の美しさに気がつけるようになりました。オウムの存在に気づいたのです！

今朝はたくさんの緑色のオウムを見ました。彼らに囲まれていました。

そして、少し距離のあるところにチョウを見かけたのです。私の子どもたちだったらチョウを見つけられますが、私は普段まったく見ません。ですが、私はチョウとオウムを見たのです。

なぜか。私の思想が変わったからです。私がチョウやオウムを探していたから見えたのではありません。彼らは突然そこにいたのです。

――では、パンデミックはすでに反唯物主義なのでしょうか？

ええ。その通りです。まさに、ウイルスの不可視性ゆえに反唯物主義なのです。ウイルスは必ずしもテーブルのように物質的な物体ではありません。

私たちはより上にある現実に接触しているのです。ウイルスはテーブルやイスよりも上の現実を示す可能性なのです。

Ⅳ章 道徳哲学が合理的なツールになる

新型コロナウイルスの感染拡大と気候変動

――さて、あらためてこの新型コロナウイルスの広がりがもたらした難しい状況から、私たちが学んだことは何でしょう？　人間は何かを学んだのでしょうか？

私は、社会の変化については基本的に楽観的です。先週よりは少し悲観的ですがね。なぜなら政治的な変化が起きているからです。人びとの関心や注目度が経済的価値につながる「アテンション・エコノミー」によって、コロナの流行が少しずつ収まってきたからです。私たちみんなが経験したとおり、ほぼ半年間、コロナのみが私たちの関心の的《まと》でした。そして二〇二〇年の春からの六か月の間に道徳観の改善への希望も見られるようになりました。コロナ危機に関するコメントで私はこの点を強調しました。

なぜならコロナの流行に対する当初の世界的に一致したリアクションは、私が言うところの「ウイルス学的義務」でした。「ウイルス学的義務」とは、死亡率を上げないためにどんな経済的代償を伴っても何でもしなければならないという概念です。どんな方法でもいいからウイルスを撲滅するためです。これは道徳的義務として非常に成功しました。そして民主主義あるいは一般的な資本主義と道徳観の親和性について何らかの教えをくれました。つまり資本主義は道徳律を、驚くほどに尊重できるという発見があったのです。

ですから今回のことは気候危機への備えともなると思っています。多くの人びとが忘れていますが、今回のパンデミックは気候危機の一部です。このウイルスが広がりはじめた理由は、私たちが森林を破壊し、人間以外のものの環境に干渉したことが危機を招いた一因なのです。そしてウイルスの爆発的広がりはその感染率のせいではなく、私たちが移動する習慣のせいでもあるのです。パンデミックが始まった最初に私が言ったのは、「観光客として武漢に行く人はいない」ということでした。このようにウイルスが広まった事実は当然、新自由主義的資本主義の結果なのです。各国間の人類の協調はモノと資源の不公平な配分によってなされるという考え方の結果です。

――ですが今も環境問題はとても遠いことのように私は感じています。パンデミックやウイルスは近くに迫っていますが、コロナと環境問題を比べたら環境問題は遠い問題です。私たちはウイルスのみにとても注目してしまっていますからね。

そうですね。でもそれが間違っているのです。なぜならウイルス、つまりウイルス感染症も環境危機のほんの小さな一部だからです。

そうなのです、ウイルスは環境危機が原因なのです。ドイツの人びとはロックダウン中にお天気がいいことを喜んでいました。三か月間ずっと青空が見えたのです。ですがこれはいいお天気ではなく、破滅の予兆なのです。

ドイツはこの三年の間、毎年、干ばつに見舞われています。中国は今夏(二〇二〇年八月)、近代史上最大級の洪水が起こり、供給問題も発生していたようです。博士課程にいる中国人の学生の一人が教えてくれたのですが、今、中国で一〇人がレストランに行ったら、料理は八品までしか注文できないそうです。サプライチェーンの崩壊で食料の購入を制限しているからです。作物の収穫も減ってしまいました。これらはすべて気候危機の結果です。

気候危機は未来のことだと考えるのは間違いです。私たちは、一九七二年にローマクラブが予想した良くないシナリオをたどっているのです。悪夢のようなシナリオです。世界が滅亡する映画とまったく同じには見えなくても、現実ではこんな感じで滅んでいってしまうのかもしれません。

ウイルスの思考と人間の思考

――でもここ、ボンはまったく平和に見えます。

とても平和に見えますよね。疑いの余地はありません。それがまさに問題なのです。地球規模で見れば世界の終わりは、人間の経験とは異なる時間軸の中にあるのです。ウイルスのようにね。ですから私たちは今でもウイルスの感染と人間という区分を混同していると思います。ウイルスは人間界の一部ではありません。ウイルスは異なる基準の中に存在しています。私が知る限りウイルスは一ミリの一〇〇万分の一の大きさです。ナノメーターの大きさです。そんな世界にウイルスは生きているのです。電子顕微鏡でしか見られません。ですからウイルスが束になっても色はない。興味深いですよね？

完全に透明な存在が、私たちのルールとは異なるルールに従って存在しているのです。ですから私たちの最高の疫学モデルでさえも、ウイルス自体の動きを予測できません。できると思うのは勘違いです。人間の知識をもってできる限り正解に近づくことはできますが、ウイルスは人間ではないのです。ですから異なる基準を持っています。異なる時間軸にいるのです。たとえば私たちは「パンデミックはもううんざりだ。もう六か月も続いている」と思ったりしますよね。ですがウイルスにとって、今の状況は三月よりいいのです。

私たちは、ウイルスに対して私たちがマシな状況になっていると思っていますが、違います。私たちは三月より悪い状況にあるのです。ただその状況に慣れただけです。ある意味、私たちはただ、気にすることを基本的にやめたのです。

そうです。基本的に忘れたのです。この広場も三月には誰もいませんでした。車も何もなかった。政策のおかげでね。そして今ではこのように再び道を開けようと政治が決めました。正しい判断だと思います。ですがここにパラドクスがあります。状況は三月より悪いのです。ですからウイルスは以前より幸せでしょう。人間がやっと再び移動しはじめてくれたのですから、ウイルスにとっては好都合なのです。

想像してみてください。ウイルスは三月には腹ペコで「クソッ。どうやって増殖すればいいんだ？　誰も通りにいない」「あの人の肺で待たなくては」と思いつつ待っていました。そして人間が再び移動しはじめると、「うわ、やっと活動が再開した。長かったな〜」と思い、今、再びウイルスが拡散しているのです。これが今、起きていることです。それなのに、私たちは「ウイルスをコントロールできている」と思っているのです。実は何もコントロールできていません。

ウイルスをコントロールできない理由

――なぜコントロールできていると感じているのでしょう？　人びとが実際にそのように行動しているからでしょうか？　または、ウイルスをすでにコントロールできているという間違ったイメージが植えつけられているからでしょうか？

思うに、私たちには自然に関する完全に間違った概念があるのだと思います。ですから今ある概念が今のドイツやほかの国の政治的失敗へとつながるのです。広く受け入れられている自然の概念の一つは、「自然は自然科学のモデルの対象だ」という考え方です。この概念の下にウイルスを見てみると、RNAのヌクレオチド等の概念に行き当たります。それが頭に浮かぶのです。そしてどのようにウイルスが細胞に入り込むかを考えます。どの細胞に入り込むかとかね。そして統計モデルを使って確率等を予想するのです。これがウイルス学や疫学や感染症学等の分野で、自然の概念の一つです。

しかし、この自然の概念は事実に完全に即してはいません。たとえば、感染を実際に目で見た人はいません。見ることはできません。ビデオや顕微鏡で見て、「はい、今ウイルスが細胞に入りました」ということはありません。誰も見たことがないのです。感染が起きることは知っていますけれどもね。私たちはこの現象を説明する唯一の方法としてモデルを使うわけです。このモデルは写真でも、私たちが想像する現実を描写したものでもありません。ある統計学的な予測ツールです。ですからウイルスの本質を歪めてしまいます。

たとえば、ウイルスが生命体であるか否かは、ある意味、私たちは知りません。私たちは生活(life：生命活動、人生、命)の一部ですから生命体だと思います。本質的に生活の一部であるものは生命体だと思っています。ですが今こそ話し合うときかもしれませんね。ウイルスは細胞が増殖するように、それ自身のみで増殖することはできません。それにもかかわらず生物学的現実として、生命は細胞レベルから始まると誰が言ったのでしょう？多くの生物学者がそうだと仮定していますが、本当でしょうか？　確立された形而上の事実ではありません。宇宙や自然の現実の中で、どこから生命が始まったのかは誰も知らないのです。物事を天秤《てんびん》にかけたときに「これは生命だ。これは違う」と言える分岐点は実はないとも言えるのです。通常、細胞レベルから始めようと私たちが決めただけで、そう決めた理由はありません。

感染拡大にともない、何が起きたかと言えば、どこの国や地域でもそうですが、人びとがより地元にいるようになったと思います。実際、街は今のところ改善しました。最終的にどの店やレストランが閉店することになるかわかりませんし、それにより街がどう変化するかが異なってきますが、ドイツの経済システムとドイツが社会福祉国家であることも功を奏しているのでしょうか、ご覧のように今のところ閉店した店も少なそうです。

マンハッタンでは数多くのレストランが閉店に追い込まれました。一方、ドイツでは店が再開して以前と同じに戻ったどころか改善しているところもあるようです。買い物ひと

「サスティナビリティは街にとってとても大事なことです」

つとっても住民が責任を持って行動することが大切だと考えます。

ボンは私が見たところエコロジー都市です。なぜなら国連の事務所があることも手伝ってか、サスティナブルな街になっているのです。サスティナビリティは街にとってとても大事なことです。ですからこの街の人びとは以前よりもネットショッピングをすることがずっと少なくなりました。人びとは街に出ます。自由に歩き回れることを楽しんでいるのです。ご覧のとおりです。そして……再びこの街で買い物をするようになったのです。私もそうです。先日はハンブルクにいて、シャツを買おうと思いました。ハンブルクにはお洒落な店がたくさんあります。しかしそこで、「ダメだ。シャツはボンで買おう」と思い直しました。

そうです。すべての選択がつながっているのです。みなさん、忘れていますが、今の状況を最も的確に言い表すとすれば、その一つの方法は「精神分析学」による説明です。今、起きていることは精神分析的であり、心理的なことです。死への恐怖、ナショナリズム、政治家をどう思うかに至るまで、すべてに心理的な要素があります。

結局、コロナウイルスは私たちの身体のことよりも、個人や社会の精神をあらわにしたのです。私たちは単に身体の問題だと思っていますがまったく違います。最初は身体の問題でした。なぜなら私たちは文字通り恐れていたからです。死ぬほど怖がっていた。ですが、その後の反応は？　実際の現象や脅威により恐怖が引き起こされると、次はその脅威をどう説明するかということになります。そこが精神分析の始まりです。ウイルスは、私たちのウイルスに対する反応を説明できませんからね。ウイルスはそんなことは気にもしていません。私たちに精神があることすらウイルスは知らないのです。

哲学は心理療法の最も一般的なマニュアルである

——おかしな質問かもしれませんが、哲学的時間や哲学がどのように一般の人びとを助けるのでしょう？　今、私たちには心理的、精神的な問題がある。私にとって哲学は自然の中に座って人生や、人生の人間的側面について考えることだと思うのです。哲学は今の時代の助けとなるのでしょうか?
もちろんです。なぜならたとえば、とくに今の状況において哲学、道徳哲学は特別な役割を果たせるからです。道徳哲学あるいは倫理学は、単純に人間である限り私たちが何をすべきかを考える学問です。ですから、哲学は私たちに合理的に自分を理解して、合理的に危機を乗り越えるためのツールを与えてくれるのです。私たちの反応は、当然ながら感情的だからです。恐怖、希望、欲望、あらゆる感情が存在します。精神は簡単なことでグチャグチャになります。さまざまな形で私たちはみな、おかしくなっています。哲学はいわば精神療法にも似た合理的な方法なのです。

――マニュアルのようなもの?

そのとおりです。哲学は心理療法の最も一般的なマニュアルなのです。瞑想《めいそう》やトーキング・キュア等の治療法とは異なりますが、今起きていることを概念として理解できるようになります。哲学的観点で今起きていることを本当に理解できれば、より合理的に目の前のことを受け止められるようになるのです。

――だからあなたや哲学者は、経済問題や心理的な問題、環境問題に関してとくに活発に発言し、哲学を用いて人の感情を代弁しているのでしょうか? それが助けとなる解決策だから?

そうです。なぜなら哲学が最も一般的な概念に気づかせてくれるからです。数学は、ほぼどの分野にも日常生活にも明らかに必要です。あなたが会計士か、ほかのどんな仕事をしていてもほぼ毎日、数学を使います。私たち全員がそうです。時計を見るにしても数字が必要です。ですから数学は非常に一般的で非常に重要な学問です。疑いの余地はありません。

ですが哲学はもっと一般的なのです。哲学は数学を理解するツールを与えさえする、数学より一段階上の学問です。ですから数学が不可欠で便利だと思うなら、哲学はなおさらです。物事の序列の中で哲学はここにあります。現実を最も高いレベルで観察しているのです。誰も哲学を省くことはできません。数学者は時に物理のことには詳しくないかもしれませんが、数学抜きで物理の研究はできませんし、哲学抜きで数学の研究もできません。

つまり哲学が最高レベルの学問なのです。そして最高レベルの学問だからこそ、今のところ、たとえばほかのすべての学問がどうつながっているのかを教えてくれる唯一の学問なのです。

危機的状況で必要な哲学者との対話

ドイツでもほかの国でも頻繁に議論されていることですが、たとえば「ウイルス学と政治学の関係は？」「医療知識からどのような義務が導き出されるか？」「学校を何時に閉めるか？　そして何時に開けるのか？」「どこでいつ、どれほどマスクをつけるか？」等の質問をしたなら、その分析は二つの知識をどのようにお互いに関連づけるかに関わっているのです。政治的な知識と医療の知識です。これがすでに哲学です。

こういった質問を考えると、政治家が言うように、どこまでウイルス学者の意見を聞くべきなのかということになります。これが哲学的問題です。この哲学さえも一つの学問なので、どうすればいいかは哲学者に聞くべきなのです。聞かないというのは、愚かです。

――つまり私たちの首相は、ウイルス学者だけでなく哲学者とも話すべき？

もちろんです。今は、ウイルスのパンデミックと気候危機、両方のためにそうすべきです。それにこの先には経済危機も迫っています。何をすべきかを考える専門家チームに哲学者がいなければ必ず失敗します。哲学者なしでは何もできません。哲学者が〝政治家〟だからではありません。哲学の知識がなければ過ちを犯してしまうのです。哲学的過ちは数学的過ちより悪い。数学的過ちも悪いですが、哲学的過ちはさらに悪いのです。人間の本質を破壊するからです。

ドイツ民主主義誕生の都市・ボン

ところで先日、私が電動キックスクーターに乗ったいい写真を「シュテルン」誌が、撮ってくれました。この乗り物はラインラント（ライン川沿いのドイツ西部の地域）の定番になっていて、シェアリング式で、今ではドイツの街角のあちこちにあります。ここボンでも、密にならないよう、公共の交通機関を避けるため、使用する人びとが増えました。一四歳から運転でき、特に免許はないですが、いろいろな規則があり、違反した場合は罰金もあります。このようなことは、これまでにないことです。それで「シュテルン」誌が私の写真を掲載したのです。

少しボンの話をさせて下さい。ボンは今のドイツ民主主義が誕生した地です。ドイツの憲法にあたる「ドイツ連邦共和国基本法」は、ここボンで起草され、議論され、一九四九年に布告されたのです。そしてボンは西ドイツの首都になりました。首都がベルリンに移った一九九〇年代までは、そうあり続けました。今でも確か七つの省があって、その中で

「ボンは今のドイツ民主主義が誕生した地です」

も国防省と教育研究省の大半がボンにあるはずです。
　ボンはいわゆる連邦都市で、首都ではありませんが、アメリカのワシントンD.C.のような位置にあります。科学に関するすべての……たとえば事務局、ドイツ研究振興協会、ドイツ学術交流会、そのほかさまざまな科学の機関がこの街にはあるのです。それが、ボン大学が間違いなく、いわゆる「エクセレンス大学構想」の中で最も成果を上げた理由の一つでしょう。今ではボン大学は、ドイツのエリート大学の一つで、二〇一八年に創立二〇〇年を迎え、二〇一九年にはドイツで最も成功した大学となりました。
　私たちの大学には傑出した学科があります。ドイツで間違いなくいちばんの数学者もいます。ドイツはフィールズ賞の歴史の中で、これまで二回しか受賞していませんが、両方ともボン大学の研究者が受賞しています。優秀な経済学者もいますし、数学と同じくらい強力なほかの学科もあります。大学としても研究室としても非常に強力です。同時にたとえば、基本的にドイツのコンピューターと通信のセキュリティ担当部門であり、サイバーセキュリティを担うBSIという組織もボンにあります。国連キャンパスもそうです。

ボンは首都のバックヤードもしくは最前線となる多くの機関の拠点なのです。今でも政治に強く関係した街です。文化レベルも非常に高く、素晴らしいオペラ座も劇場もあります。見事です。言うなればボストンとよく似た感じですね。私たちはボンのすべての大学をまとめて、ちょっとした皮肉も込めて、「ライン川沿いのハーバード」と呼んでいます。

ボン大学の私の研究室にも立ち寄ってみましょう。

存在の点滅とは

――あなたの著書の中で、『なぜ世界は存在しないのか』と『「私」は脳ではない』が書店の〝お勧めの本〟になっていますね。コメントもついています。何が書いてあるのでしょうか?

書店のコメントを読んでみましょう。〝少なくとも倫理的に良い行動が存在する可能性はある。哲学は、その可能性を見つける手助けをしてくれる〝こう書いてありますね。こちらの一冊目の書では、〝存在する〟とはどういうことかを書きました。

そしてこちらの二冊目では、〝存在しない〟とはどういうことかを書いています。ですから、存在とは何か、無とは何かを知りたければ、その答えは私の手の中にあるというわけです(笑)。

――先に書いたのが〝存在する〟のほうですね。なぜ、〝存在〟から〝無〟への旅をしたのですか？

これらの本では、〝存在とは、世界が存在しないことである〟と語っています。〝存在〟と〝無〟については、西洋、東洋を問わず、すべての哲学者が三〇〇〇年にわたって論じてきました。そしてある意味すべての哲学者が、ヘーゲルが言ったように〝存在と無は同一である〟(Being and nothing are one and the same.)と考えたのです。これはヘーゲルの有名な言葉ですが、パルメニデスもブッダも同じ思想ですよね。そして私も、です。この二冊で語られている思考には多くのバージョンがあり、哲学において重要な考え方を示すものになっていると思います。

世界は存在しないけれども、ここには世界を表象するものがたくさんあります。幸いにも中にはとても役に立つものもあります。たとえば私たちの目の前にあるこのウィスキーストーン・オン・ザ・ロックとかね（笑）。

――それは存在するのですね（笑）。

存在します。そしてこの地球儀も存在します。でも注目すべきは、現実は存在しないということです。これは地球を表象していますが、それを私が手に持っているという事実はどこに表象されているのでしょう？　表象されませんよね。

私たちはこの地球儀上にはいません。だいたいこの辺にいる、と言うことはできるかもしれませんね。でも、「ちょっと見せて。うーん、私たちの姿は見えないなあ」となる。これは偶然ではありません。模型と現実の違いです。現実をすべて表象する模型は存在しないのです。現実の一部しか表象することができません。その理由は、全体の現実などというものは存在しないからです。

――では、いつも部分的ということですね。

そうです。部分的に一瞬見ることしかできません。でもその背後に全体はありません。あるものを部分的に一瞬見ているのではなく、ただ一瞬一瞬が存在するだけです。そういう意味では、部分的ではありません。部分的と言ってしまうと、何かの部分が存在することになってしまいます。ただ、一瞬一瞬がパッパッパッと存在するだけです。哲学者の言う「出来事」です。現実はつながりのない、数々の出来事に過ぎません。ゆるくまとまってはいますが、それだけです。

――「出来事」というと一時的なものに聞こえますが。

その通り、一時的なもので、消え去ってしまいます。先ほど外で撮影したシーンがありますよね。そのシーンはどこにあるのでしょう？　それを表象するものはカメラにありますが、シーン自体はありませんよね。ではそのシーンはどこにあるのか、過去はどこにあるのでしょう？

――記憶にありますね。

その通りです。でもあなたの記憶は現在にありますね。「過去の記憶」は現在にあっても過去はあなたの記憶にはない。あなたの記憶は過去に行けません。あなたの記憶は現在にあり、あなたの記憶にあるのは過去の表象です。では過去はどこにあるのか？　過去はそこにありませんね。

――過去は存在しないんですね。

そうです。過去は存在しない、そこがポイントです。もし過去が存在したら、私たちは今ここと外に同時に存在することになる。私たちが二人ずついることになってしまいます。

――とても面白いですね。物質でも同じようなことを考えましたよね？

ええ、そうでしたね。そしてそれ（物質の存在）は間違いで、ただの幻想にすぎません。たとえばこういう幻想があります。マルクス・ガブリエルという物体があり、時間の旅をします。この考え方は哲学で「耐続主義」と言います。私は時間軸に乗っています。私が立ったまま動かなくても、時間軸上では動いています。これは時間の考え方の一つです。私が考える時間は、「断片」です。つながりのない出来事の集まりです。私たちは存在することと存在しないことを繰り返していると考えています。出たり引っ込んだりの繰り返しです。そしていつか止まる。それが「死」です。

誕生は一瞬のことで、いつ起こるのかさえわかりません。誕生は母親の子宮から出ることではありませんよね。母親の子宮から出て外の光を浴びる前から存在していました。別の人間の中に入る前からすでにね。いつから存在しはじめるのか誰にもわかりません。でもある時点で、人間は存在し、意識を持ち、存在したり、しなかったりを繰り返します。そして最後には存在しなくなります。この存在の点滅はどこかの場所で起こるわけではありません。どこかの広い空間で、現実に何かが点滅しているのではありません。ただ

私たちは存在することと存在しないことを繰り返している

の点滅です。これが、私が支持する考え方です。

——でも、ちょっと怖い考えでもありますよね？

私はとても好きですけどね（笑）。実際の問題は、私たちがこの考え方を是認できるか、ということです。仏教でも同じような考え方がありますよね。私の考えが日本人に受け入れられるのは、日本人の精神の重要な層に私の考えと呼応するものがあるからだと思います。ほかにも層はありますが、日本の思想の歴史には顕著な層があります。禅です。禅にはこの考えを是認する要素があるのではないでしょうか。

映画監督のフェリーニの存在論も同じです。私のイタリアの友人は、私がフェリーニのように現実を見ていると言います。またはデイヴィッド・リンチのようにね。確かにそうなのかもしれません。これが、私が考える現実です。

現実が安定したものだと思うこと、たとえばここにある家具などの物や現実が安定していると思うことは幻想です。私たちは幸せになるために、この幻想に打ち勝たなくてはいけません。私たちはなぜ幻想にしがみつくのでしょう？

——それで幸せになれるわけではないのに？

そうです。それなのになぜ？　幸せは仏の笑い、神の笑い、ホメロスの笑いです。それが、私が考える幸せです。そして死を迎えるのです。

V章　ウイルスが教える「正しい」生き方

「科学は民衆のアヘンである」？

――意見を伺いたいのは、あなたが先日地元の新聞に寄稿されたコラムのタイトル「コロナ禍における『精神のワクチン』」についてです。ハイネとカール・マルクスはどちらもボン大学にゆかりがありますが、マルクスは「宗教は精神のアヘンだ」と言いましたよね？

ええ。「民衆のアヘン」ですね。私の考えでは、かつて宗教が持っていたポジションは今では自然科学に取って代わられています。そして今私は、偉大なる先輩カール・マルクスに倣って言いたいと思います。今や科学が民衆のアヘンだと。

ところで、カール・マルクスはボン大学で神学の教授になろうとしていました。これは忘れないでおきましょう。本当は神学教授になりたかったのですが断念し、その後ベルリンに移り、広く知られるところの〝カール・マルクス〟になったというわけです。

マルクスの友人のブルーノ・バウワーは神学部の学部長でした。そしてあるとき、正確には覚えていませんが、確か一八四二年のイースターにマルクスとバウワーはロバに乗ってバート・ゴーデスベルクに行きました。バート・ゴーデスベルクは、今はボンの一部ですが当時は独立した都市でした。彼らはキリストの真似をしたのです。キリストはエルサレムにロバに乗って行きましたからね。でも二人はそこで無神論のビラを配ったのです。

そのせいでマルクスは神学教授にはなれず、バウワーは確かボン大学の職を失ったと思います。

さて、現在では科学、または科学と社会の表象が、かつての宗教の役割を担っていると思います。科学は宗教の一種になったのです。ですから、マルクスが「宗教は民衆のアヘンだ」と言ったように、私は「科学は民衆のアヘンになった」と言いたいと思います。だから私たちはコロナの統計にこれほど注目しているのです。誰もが感染者数や死亡率、再生産率などをチェックしていますよね？

これは宗教のようなものです。普遍的でグローバルな宗教です。これを「科学万能主義」と呼ぶことにしましょう。科学と「科学万能主義」は本来、はっきりと区別されるべきものです。でもそうはなっていません。これは現代社会の深刻な問題だと思います。

新型コロナウイルスは深刻な問題です。この問題の解決には医学などの助けが不可欠です。それにはまったく異論はありません。でも、自然科学だけでは新型コロナウイルスの問題を解決することはできません。自然科学でワクチンは作れますし、それは素晴らしいことですが、そもそもなぜワクチンが必要なのか、それはどの程度有効で、いつできるのか、また、どのように配るのか、そしてその資金はどこから持ってくるのか――。科学からは資金は出ませんよね。科学でお札を印刷しているわけではないので、政治によって資金を出してもらう必要があります。

資源の分配や正義、たとえばワクチンの正義などの問題は自然科学の問題ではありません。政治的な問題でもありません。これは倫理的な問題で、だからこそ哲学の問題なのです。ですから、精神のワクチンがない限り、このパンデミックの問題は解決できないのです。ウイルス自体、医学、政治もこの問題を解決することはできません。いろいろなことを考える必要があるからです。

たとえば、私は今でも国境閉鎖は間違いだったと思っています。なぜ私たちは世界的な問題を、国境を閉鎖することで解決できると思うのでしょう？

国境閉鎖の功罪

──国によって構造やシステムが違うからでは？

そうですね。でもそれは国境を閉鎖してもなくなりませんよね。国境閉鎖に何の意味があるのでしょう？　ウイルスの移動を抑えられると言う人もいるかもしれません。でも果たしてそうでしょうか？　イタリア、フランス、スペインでどれだけの人が亡くなったか考えてみてください。議論の余地はありますが、中には次のような単純な理由で命を落とした人もいるでしょう。

感染者が限られた狭い空間の中でしか動くことができず、ほかの人がその空間内で動いているとしましょう。するとその空間にいる人が感染する確率は、感染者が動ける空間が広い場合に比べてずっと高くなります。人びとが動ける空間を狭くすると感染率が高くなるのではないでしょうか？　これが、私が前提とする考えの一つです。

ですから、国境を開けて、もう少し人びとが動けるようにしたらどうでしょう？　それで人びとが旅行に行きまくるようになるわけではありません。このパンデミックの最中に、命の危険を冒してまで、飛行機に飛び乗ってあちこち回ろうとする人などいないでしょう。国境を閉鎖しなかったとしても、そんなことをする人はいなかったでしょう。でも、人びとは別の空間で動いていたかもしれません。

もっといい解決策は、夢のような非現実的な解決策ですが、たとえば人類を分散させて、人と人との距離、つまりソーシャルディスタンスを保つことを世界規模で行ったらどうなるか想像してみてください。

多数の犠牲者を出しているスペインの人びとをシベリアに分散させたらどうでしょう？

そしてロシアが隔離された居心地のよい家と、美味しくて健康的なシベリアの無添加食材を用意したとしたら？　プーチン大統領が約束したように。そうすれば、人びとは居心地のいいロシアの家でくつろげていたはずです。

このように人びとを分散させることも可能だったのです。グローバルな解決策になったはずです。アメリカも同じことができたでしょう。スペースがたくさんありますからね。とにかく国境閉鎖はよくなかったと思います。

――国境を閉鎖したせいで、人びとは今、やっと自由に動けると感じるのでしょうか。今人びとが飛行機に乗ったり、パーティーに行ったり、観光に行ったりして、自由を取り戻したと感じるのは制限の反動なのでしょうか？

その通りです。このリバウンド効果を「第二波」という人もいますね。感染率は上がっている一方で死亡率はなぜかそこまで上がっていない。その理由はまだ解明されていませんが、これは今の一つの事実です。国境を閉鎖しなければ、このようなリバウンドは起こらなかったと思います。

シンプルな例を挙げましょう。ドイツは一時フランスとの国境を閉鎖しました。フランスの感染率と死亡率が高かったからです。でも想像してみてください。もしドイツの店やレストランが閉まっていたら、フランス人はドイツに来ていたでしょうか？　やることもないのに？　どこもかしこも閉まっているのにフランス人が何をしにドイツに行くのでしょう？　行く動機がありませんよね。

国境閉鎖は、政治的に悪い結果をもたらします。際立った例を挙げましょう。トルコとギリシャの間には深刻な戦争の危険性があります。これは国境の閉鎖がもたらしたものです。これは国境の論理ですが、強固な国境と利害対立——このケースでは東地中海のガスですね。こうした状況がある中で国境をより強固にしたらどうなるでしょう？

国境の壁は低いよりも、高い方が国境の向こう側が危険に思えますよね。国境の壁が低くても法的な理由で国境があることには変わりませんが、国境の壁が高ければ高いほど、反対側の相手を潜在的な脅威と認識する可能性が高い。これは今までの研究によってよく知られていることです。私たちはこれを事実として知っています。

このように、国境には精神的な側面があるのです。国境を閉鎖したことで、トルコとギリシャは戦争を始めることになるかもしれませんね。それは大惨事です。ＥＵにとって、かつてない最大の危機となるでしょう。移民問題などさまざまな問題が発生しますからね。これは国境の閉鎖によって引き起こされる最初の問題です。その閉鎖は正しかったのでしょうか？　それは明らかに間違いでした。

トルコを見てみましょう。私たちはトルコとの国境を閉鎖しました。でもトルコはずっと、ほとんどのヨーロッパ諸国よりも感染率と死亡率が低かったのです。それなのになぜヨーロッパはトルコとの国境を閉鎖したのでしょう？

私はトルコには基本的に行くつもりはありません。政治的な理由からです。私のように名の知れた学者がトルコに行くのは危険なことかもしれません。トルコを悪く言ったことはありませんが、何が起こるかわかりませんからね。どんなに美しいところだとしても、安全第一です。

でもトルコには、とてもしっかりした保健システムがあります。エルドアン大統領がコロナ危機の当初に言っていたようにね。トルコにも弱点はたくさんあります。どこにでも弱点はあります。でも保健システムはしっかりしています。それでは一体なぜ国境を閉鎖したのでしょう？

それで次のような正当化が必要になりました。各国、保健システムは国内的なもので、国内で資源を分配する必要があるから。もちろんそうですが、それで何が起きたかというと、ドイツはイタリアに医療器具を送りませんでした。ドイツ人のためにとっておいたのです。イタリアで死者が増え出したときに、です。それのどこが良い考えだと言えるでしょう？　ですから国境は高く設けるべきではないのです。

国境閉鎖のリバウンド

人びとが死に、苦しみ、今後も死んだり苦しんだりすることは悔しいしとても悲しいことだと思います。しかし、このウイルスが私たちに残された最後のチャンスだとも思います。まるで惑星が、地球が自らの免疫システムを作動させたようです。今は私たちが地球の病なのです。それで言うなればウイルスが私たちを攻撃しているのかもしれません。少なくともそういう見方もできます。今、私たちがいる状況を表すには有益な見方です。これが私たちに残された、ある種の想像もつかないような惨劇が起きる前の、最後のチャンスなのです。

繰り返しますが惨劇はゆっくり訪れるかもしれませんし、素早く訪れるかもしれません。飢饉《ききん》に見舞われるか予想もしていなかった規模の戦争が始まるか、私たちにはわかりません。未来に何が起きるかは私にも予想できませんが、良くないことが起きるでしょう。数週間前にトルコとギリシャの間に紛争が起きるなんて、誰がその可能性を現実に予測できたでしょう？　これはほんの一例です。惨劇はつねにあちらこちらにあるのです。レバノンはどうです？　誰がレバノンの状況を予測していたでしょう？

このすべてがパンデミックのさなかに起きているのです。レバノンは文字通り爆発しました。レバノン全体とも言える規模でね。ですからレバノンが新たなシリアになるかもしれません。シリアの隣に位置していますしね。世界情勢にとってこれがどういうことか考えてみてください。今、ドイツはロシアの野党指導者であるナワリヌイ氏の状況について話し合っています。政府が関与していたのではないかという推測もあります。ある意味、これは驚きでもありませんが……ですが、これは何を意味しているのでしょう？

——確かメルケル首相が驚きだと言っていましたね。

そうです。驚きです。三月以降に起きたすべてのことが驚くべき新たな出来事なのです。私たちは予期せぬ規模の一連の変革を目撃しているのです。経済危機という概念ができて以降は、最大の経済危機にあります。

これは注目に値します。ただその規模が手に負えないほどなので、心配したからと言ってどうにかなるものなのか誰にもわからないのです。

——私たちは何を心配すべきかわかりませんよね。不確実で何だかわからないことが多すぎるからですよね。

その通りです。何が問題なのかもわからないのです、本当に。

今起きているすべてのことがよどみなく流れているのです。このことに関する一つの考え方で大事なのは、短絡的にならないことです。たとえば私は中国がウイルスを作り出したなどとは思いません。証拠もありませんしね。そんなのは、愚かな仮説に過ぎません。それにウイルスが研究所から流出したとも思いません。「こう出現した」と、多くの人びとが思っているであろう状況でウイルスは出現したのです。コウモリから、もしかしたらセンザンコウにうつって人間へ。どういう経路にせよ、人間の体に入ったのです。自然なことですが、そこには人間の経済システムも関係しています。そういうことです。

しかし、ここで中国が絡んできます。今回の例は、ほぼ間違いなく初めて世界中の人びとが脅威に協調して反応した例です。人類が、経済の新自由主義的グローバリゼーションやインターネットのおかげで世界中の人びとが、これまでにないほどつながっている状態で、初めて、先住民も含めて基本的にこの地球上に生きているすべての人びとが、同じ一つの現象に反応しているのです。そしてこの反応パターンは、ある意味中国が作り出したものです。

つまり、初めてすべての人間が一緒に一つのことを行っているのですが、中国方式に近い形で行っているわけです。注目すべきことですよね？　意図した計画があったわけではありません。中国共産党がこれを計画したとはこれっぽっちも言っていません。そう思い込むのは間違っています。陰謀論レベルです。

しかし、私たちは中国にリードされ、その後を追っている事実も否定できません。すべての人びとが、です。中国がロックダウンを始め、誰よりも先にウイルスの感染経路を追いました。ウイルスは中国から広まったので、中国はほかより何か月も先を行っていたのです。二か月です。ウイルスのパンデミックの中ではかなりの長い期間です。二か月先です。これが厳密に何を意味するのかは私たちにはわかりませんし、中国にもわからないでしょう。

繰り返しになりますが、中国もどの国もコントロールできていないのです。中国には、行ったことがある多くの人びとが知っていることですが、特有のものとして、とてつもなくダイナミックで混沌とした状況があります。それが中国です。一四億人が極めてダイナミックな環境の中にいるので、何だって起こりえます。飢饉に革命、史上最高にスピーディな近代化。このすべてが起こりえるのが中国です。「何が起きているんだ？」というこの混乱した空気こそ中国ならではのものなのです。

この危機に、あの規模、かつ、あのダイナミックな環境というすべての状況において、ものの考え方の尺度が変わる、それが中国です。その意味で、この混沌の状況では、ウイルスとともに、現実を経験する枠組みとしての中華帝国の場に私たちは入った、と言えるのかもしれません。これが現在広がっていることの一つです。

そろそろまた外に行きましょう。ライン川を見ながらお話ししたいことがあります。

ライン川沿いのモニュメントが意味するもの——景観から立ちあがる思想

「何が起きているのか?」というカオス、すべての不安定化こそ、現実に関するより適切な理解です。哲学と一致するため先ほど少し触れた仏教の概念では、現実は物質により成立するのではありません。物質とは安定したものです。ですが現実は安定していません。無の中にある一時的な存在のゆらめく光。それが現実です。言うなれば、その背後には何もないのです。

中国でも日本でもどこでも、人類が存在するあらゆる場所でそういった洞察がありました。古代ギリシャでもです。アリストテレスは反対していましたが、そのような考え方は

公園の上方に建つアルント像はライン川を見下ろしている

ギリシャにもありました。ヘラクレイトスは今トルコがある土地に住んでいましたが、彼は現実を川にたとえたと言われていて、これが有名です。

　これからライン川に行きますが、「ライン」という言葉はまさにギリシャ語で、「流れる：Rhenos」という意味なのです。だからライン川のスペルには「h」が入るのです。ドイツ語の「Rhein」でも、英語の「Rhine」でもね。ですから川の名前は「流れ」です。注目に値しますよね。これからご覧に入れますが、とても神話的な川で、多くのドイツの古典的な神話の舞台です。参りましょう。

　まずはアルター・ツォル(旧税関)に行きましょう。その後、すぐ隣の市立公園に移動しましょう。なぜならそこにある二つのモニュメントがとても面白いのです。詩人ハインリヒ・ハイネ(Heinrich Heine)の碑と歴史学者エルンスト・モーリッツ・アルント(Ernst Moritz Arndt)のブロンズ像があるのですが、注目してほしいのは、それぞれの向きです。ハイネの正面はパリのほうを向いていて、アルントの正面はハイネとは反対側、つまりライン川を向いているのです。

アルントはボンの有名な歴史学者で、詩人で、大学の教授でもありました。ですが、残念ながら非常にアンチ・フランスで反ユダヤ主義でした。一九世紀初頭の問題のある人物です。当時はつねにフランスと領土争いをしていました。それでアルントはこう言ったのです。「ラインはドイツの川でドイツの国境ではない」と。ナチスではないですが悪い人物であると、少なくとも現代のドイツ人の多くはそう思っています。フランスと逆の方向を向いているのはそういった理由からです。

公園の下方に建つハイネの碑はパリのほうを向いている

ハイネは、ご存じの方も多いと思いますが、史上最高のドイツの詩人の一人で、ユダヤ人で、アルントよりも、私に言わせればずっと優秀な詩人でした。ですから、ハイネはアルントとは対照的に、コスモポリタンな人物としてフランスのほうを向いているのです。

まずアルントの像は一八〇〇年代半ばに建てられていく、それに対抗するために、一九〇〇年代後半に、ハイネをここに加えようということに決まったと言われています。そして、私が思うに、ここから見える景色が、ほぼ間違いなく、ライン川の最高の眺めです。あちらにいろいろ話せる場所があります。ライン渓谷の中で、本当に壮観ですよ。

一般的にも言えると思いますが、私はこの景色の中に歴史や哲学を見ます。ドイツのこの場所には神秘主義者たちがいました。その中でも有名なマイスター・エックハルトとトマス・アクィナス、それにヨハネス・ドゥンス・スコトゥスも、ケルンの大学で教鞭《きょうべん》を執《と》っていました。中世の時代で最も偉大な哲学者たちですね。ドゥンス・スコトゥスと、アルベルトゥス・マグヌス、それから、マイスター・エックハルトもケルンにいました。すぐそこの角を曲がるともう見えて来る場所ですね。

中世やローマ時代の跡を遺す、ここが歴史的な景色だとわかりますね。この神秘が盛りだくさんな場所、私の故郷ですが、私はこの世界の一部を形而上学的に経験してきたと言えます。この景色は私に語りかけて来るのです。もちろんライン川があり、ハイネもライン川を含め、この地域について美しい詩をいくつか詠《よ》んでいます。それから、ヨハン・クリスティアン・フリードリヒ・ヘルダーリンもライン川の詩を詠《うた》っています。

ここは歴史のある形而上学的な景観なのです。この景色の中でローマ人がいたり、さまざまな帝国が築かれたり、戦争が起こったり、すべてがこの景色の一部なのです。ライン川、ボンの街の匂い、感覚、この辺りのすべてが私にとって深い意味があるのです。この場所に来て、この雰囲気につながれば、歴史に刻まれた想像力を少し感じられますよね。歴史や人間の存在だけではなく、その場所の自然にも同じ力があります。

「自然」と「計測可能な宇宙」

こうした一連の感覚から、自然科学が表すものより、もっと深いところに現実と自然の層のようなものがあることがわかります。自然のモデルや構造は、ある意味、自然科学と呼ばれるべきではありません。自然ではなく、「自然の中にあるものの科学」と私は呼んでいるのですが、これらのものは自然ではないのです。この自然の中にあるものを、「計測可能な宇宙」と呼んでみましょう。この「宇宙」は、数学的に表現できるパターンです。この系列には物理など自然科学のさまざまな研究があり、このパターンの中に、さらにあるパターンを見出そうとして、未だにそのマップを完成できていません。しかし、このパターンの裏側、一つ深い層に私たちが自然と呼ぶものがあるのです。

このパターンと自然とを区別する方法として、有名なオランダの哲学者のスピノザの考え方をご紹介しましょう。彼は、自然には、「所産的自然」(natura naturata)と「能産的自然」(natura naturans)があると、その違いを区別しています。所産的自然は、自然の実在性の可視部分です。これを、私の言う意味で「宇宙」と呼びましょう。これには数学的構造があります。

その背後には、私が先ほど自然と呼んだ、能産的自然が広がっているという考え方です。私は「自然」と「宇宙」で区別をするのですが、「自然」は「宇宙」よりも深くにあり、数学ではアクセスできないところに位置しています。自然は私たちの経験の質です。ここにいて何かを感じる、その感覚は、数学では表現できません。ですから、自然科学では意識に関する理論がないのです。量的なものでは、質的なものを完全には言い表せないからです。質的なものは量よりも前に存在します。まずは質があり、そのあとに量が来るのです。これが実在についての、哲学的な真実なのです。

この場所の質が表示するもの、たとえば触感や匂いですが、それらはより深いところにあるのです。
これがすべての意味の起源です。私たちの言語の意味の起源でさえあります。なぜなら、自然科学を始める前から、私たちはすでに現実について話していたのですからね。私たちが話すものは、すでにそこに質的な空間としてあるものなのです。

ですから、私たちの言語は、自然の言語なのです。言語は純粋な数学的構造を持ちません。言語は、たとえば、他言語を学ぶときに経験するように、経験から学ぶことしかできない、より深い意味の構造を持っています。

他言語を学ぶ際、その言語を話す前までは見えなかったのに、違う感覚の目を持って新たに見ることができるものが生まれてきます。この、言語が捉える質的な空間は、詩などでは、明確に現れます。ライン川は歴史上つねに、ドイツの哲学者と言語の対象になっていました。この現象として、ハイネとヘルダーリンもライン川について語っていますが、ライン川と「この場所」が、彼らの表したいとすることを表現するのに適しているからなのです。

この景色に意味があると私が感じるのは、たとえば、京都に意味があるのと似ています。京都のお寺などに立って、渓谷や川など、それらのつながりや鳥が空を飛んでいるのを眺め、耳に聞こえる音、匂い……。そんな京都で得られるような自然の経験による感覚を、ここでも得ることができるのです。ここはそんな場所なのです。

古代ギリシャ人やローマ人は、ラテン語でロクス・アモエヌス（Locus amoenus）＝「心地よき場」、つまり自然を賛美するのに適した場所なのですが、そうしたところに聖堂を築いてきました。私たちも今そんな場所にいるのです。

地名である「ボン」も、ラテン語のボノ・ボナ（bono/bona）から由来しているのです。ボンは「良い」街なのです。コロニア（ケルンのこと）はラテン語のコロニーですので、私たちはまさに「良い場所」そのものにいるのです（笑）。素敵な名前ですよね。「どこにお住まいですか？」と聞かれたら「良いところに、です」とね。もちろんベストなところは存在しないので「ベスト」な場所ではありませんよ。でも、「良い」場所です（笑）。

ウイルスに生命の形はあるのか

――場がもたらす感覚の変化に気づくのは本当に大事ですね。では、コロナという新たな場は、私たちにどんな変化をもたらすのか、あらためて教えてください。

そうでした、変化についてお話ししていましたよね。このコロナの状況で、私たちは制御不可能な変化を経験しています。経済のどのモデルも今の危機に当てはめられません。し、疫学のどのモデルもウイルスの拡散に当てはまりません。このウイルスは未だに謎です。感染者が多く死者数が少ないのは何故か。「わからない」というのが現在の答えです。

もしウイルスが生体で、生命の一部であるとすれば、ランダムなパターンを見せているのがはっきりとわかります。ランダムなパターンとは、すなわち自然発生的な変化、つまり、突然変異ですね。それほど早くはないようですが、ウイルス自体は突然変異します。しかし、もし突然変異が、この小さなウイルスの生化学的特性ではなかったらどうでしょうか？　もしウイルス同士のパーツがつながっていたら？　なぜ私たちはウイルスを原子論的に考えるのでしょう？　このウイルスは小さなウイルスの粒子の塊《かたまり》だという一つの見方もできます。

たとえば、社会を人びとの塊と見るのと同じ考え方です。ですが同時に、社会が個々の人間で作り上げられているのにもかかわらず、そこにはより大きな構造があります。個々を集めた場合より、さらに大きな構造が現れるのかもしれません。

個々をつなげると、個人で研究しているだけでは予想もつかなかった社会経済的な取引のネットワークのような構造が現れる可能性もあります。もしウイルスにこの様な現象が起き得る特性があったとしたら、どうでしょう？　ウイルスに生化学的な突然変異が起こるという原子論的な考えではなく、より大きな構造が現れる可能性もあります。この大きな構造の変化の現れが、感染が広がりはじめた頃、初期とは異なる、現在の高い感染率と低い死亡率なのかもしれません。

もしウイルスが自身のパターンを全世界で変えていたらどうでしょう。生体だったら、全世界でパターンを変えることをします。もしウイルスにもこの特性があるのであれば、ウイルスを殺す方法はないのです。私たちは勝てません。

I章で紹介した、頻繁にメディアに取り上げられる、ドイツで最も人気で優秀なウイルス学者、ヘンドリック・シュトレークとよく話すのですが、エイズの専門家である彼は、エイズを一掃《いっそう》することができなかったのと同様に、私たちは新型コロナウイルスとともに生きていかなければならないと語っています。エイズに有効なワクチンはなく、エイズはなくなっていません。しかし、薬はあります。

彼は、コロナウイルスは永遠に除去できないと考えています。どのくらい早くワクチンが完成するのか、どのくらいの効果があるのか、どれだけ迅速に人びとに配ることができるのかなど、さまざまな要因次第ですが、ウイルスを殺せる数学的可能性がまだ残ってはいるのかもしれませんが、現在はまだわかりません。一つの可能性ではありますが、決して確実なものではありません。

しかしもし、ウイルスについての私の形而上学的仮説とでも呼びましょうか、ウイルスが自身のパターンを全世界で変えているというこの仮説が正しければ、全世界でのウイルスのパターンは、完全にランダムだということになります。突然変異もある程度はランダムですが、突然変異ではなく、全世界でのパターンがランダムであれば、ワクチンの完全な有効性も疑問が残ります。そうなれば、ウイルスと共存しなければならなくなるのですが、共存するには、第一波のときのように、より持続可能な生き方をせざるを得なくなります。私たちの生活が「正しい」ものであるようにと、ウイルスに仕向けられることになるかも知れません。

第一波の際、私たちは何よりも命を優先させて、「正しい」ことをしました。ウイルスは私たちに正しいことをさせるために残っているのだとしたらどうでしょう。ウイルスが意図的にやっているのではなく、こうすること、すなわち正しいことをすることが、私たちが生き残るのに唯一残された道だからかもしれないと、考えます。

神学的な見方でもなく、何か裏に隠された要因があるといった形而上学的な陰謀論でもなく、中国や自然の意図があるというわけでもありません。意図は要りません。ただ、ウイルスに生命の形があるとの仮説通りであれば、私たちは、正しく生きなければならない状態の中にいるのです。

もしかしたら、生命は自身の破滅から自身を守るのかもしれません。これこそが生命ではないでしょうか?

それにしてもこのライン川の素晴らしい場所、こんな自然豊かなところにあまり人がいないのは、素敵ですね。ここにももっと頻繁に来るべきですね。なんと良いところでしょう。この樹はハイネが存命中にもここに生えていたかもしれませんよ。

Ⅵ章 「新実在論」誕生の原点へ

私の哲学が生まれた場所

私は新しい哲学の考え方、「新実在論」を発見したと主張しています。そして、私たちは現在にいます。それで何が可能になるでしょうか？　私は、その考え方がどのように生まれたかを知っています。基本的に私自身のことだからです。だからその考え方がどのように生まれたか描写できます。新しい哲学の考え方の誕生をリアルタイムにドキュメンタリーにすることができるわけです。

物理学などほかの学問分野ではやっていることですが、哲学では初めてのことかもしれませんね。私たちは哲学をとうの昔に亡くなった人びとがやっていたものと考えがちです。遠い昔の人びとがやっていたことだとね。そこまで古くなくても七〇年代のハイデガーなどを思い浮かべます。

でも私が考える哲学とは、現在起きていることです。だから今を見ましょう。私は今、現代哲学のみを専門にしています。過去やその他の哲学はやりません。現在の哲学を今実践するというイノベーションを進めています。哲学をこのように考えて実践することこそが、イノベーションの論理に沿った、とても革新的なものです。

さあ、ここが、私が育った街、ジンツィッヒです。

「この通りのほとんどの家で、過ごしたことがあります」

基本的にこの通りの家は全部、親戚です。

——本当に?

ええ、通り全部がそうです。妙な話ですが、私はこの通りのほとんどの家で、過ごしたことがあります。

——ガブリエル家は大家族なのですね。

ええ、そのとおりです。通りの名前はヘレーネンベルク、「ヘレナ」です。恐らくカトリックの聖人の名前です。ちゃんと調べたことはありませんが。ですが、西洋古典学を勉強したのでギリシャ語も勉強しました。「ヘレン」はギリシャ人の名前です。子どもの頃の私の頭の中の想像では、ここはギリシャの神々の通りでした。

——こちらの家がご実家ですか?

そうです。ここです、四番目の家。この家で育ちました。

――この家で生まれたのですか?

生まれたのは病院で、この家には一六歳まで住んでいました。次に住んだのがあの家で、一九歳の頃まで三年間、インド人女性と暮らしていました。

アジアとは非常に深いつながりがあるのです。彼女とは七年間お付き合いしていて、その後、彼女はサンスクリット語の専門家になりました。ですから「アジアの思考」とはずっと昔から深い関わりがあったのです(笑)。

彼女と暮らしていた家の一番左側の窓の部屋が自室で、そこでは、初めてスピノザを学びました。二週間、あの部屋に閉じこもってスピノザの『エチカ』をずっと読んでいました。

――何歳の頃ですか?

一六歳でここに引っ越した頃です。

あの部屋では本格的に引っ越す前、一四歳の頃に、カントの『純粋理性批判』やキルケゴールの『あれか、これか』、ヘーゲルの『精神現象学』、ショーペンハウアーの『意志と表象としての世界』を読みました。全部、あの部屋でね。

「哲学書を全部あの部屋で読みました」

――その全部をどうやって理解できたのでしょう？　年齢を重ねた知の巨人たちが書いた書物ですよね？　あなたは若くしてその書物を読んで、どうして理解できたのでしょう？

六歳くらいの頃から私の思考の世界は、そうとは知らず、つねに哲学のほうを向いていました。そして一二歳か一三歳の頃になって哲学という学問があるということを知ったのです。私がやっていたことが、学問の一つの分野だったのです。自分がやっていることは決しておかしなことでも何でもない。学問というものなんだ」と思った瞬間でした。それで友だちが哲学の話をしたときに、いくつかの名前を口にしました。

最初に聞いた名前はショーペンハウアーでした。彼はショッペンハウアーと発音を間違えていましたが、ともかくショーペンハウアーです。彼が発音を間違えた。それで私が「その人は何て言っているの?」と聞くと「空間と時間は幻だ」と。私は「そんなの六歳の頃から気づいていた。空間と時間は幻に決まっている。読んでみよう」と言いました。それでショーペンハウアーを読んで完全に納得しました。

当然、ショーペンハウアーがカントのことを書いていたので『純粋理性批判』も読みたくなり、丁寧に読み込みました。その歳でね。そしてある時点で特別な許可が出たので転校したのです。そこで出会いがありました。新しい学校の校長先生は研鑽《けんさん》を積んだ哲学者だったのです。彼はパリでサルトルの講義も取っていた人物でした。

その後、私は高校で特別な許可を取り、学校に行かなくてよくなりました。通う必要がなくなったのです。その条件は一つで、すべての筆記試験で最低でも二番目にいい成績であるAマイナスを取るということでした。Aマイナス以上の答えを書けば学校に行かなくていいのです。自分で勉強をして、自分の好きなペースでものを考える環境を与えられたのです。

そして、家で勉強できるほとんどの科目を自分で勉強しました。ときどき、学校に行って筆記試験を受けて、それ以外の時間は哲学書を読んでいました。ですから大学に入学する頃にはほとんどの重要な古典を読み込んで、勉強を終えていたので、大学教育を何年分もスキップすることができたのです。

こうした経緯があって二八歳で哲学の教授になれたのです。高校卒業後に私が初めて取った学位は……私は修士号等の学位は持っていないのですが、高校卒業後に初めて取った学位がハイデルベルク大学の博士号でした。当時、ハイデルベルク大学哲学部の学部長から特別な許可を得て、卒業時には修士号ではなく博士号をもらえることになったのです。博士号の前の学位はありません。私が取った初めての学位が博士号です。

ガブリエル家の歴史

——では次の場所に行きましょう。少し急ぎましょうか、雨が降りそうです。

ええ、わかりました、急ぎましょう。これから公園を抜けます。ここが私の通学路でした。子どもの頃、この通学路を歩きながら何年も哲学的なことを考えていたのです。私が自力で最初の二つの哲学的発見をした場所をのちほどご覧にいれます。それが私の人生を決めました。このことは私の著書『なぜ世界は存在しないのか』でも語っています。参りましょう。

あちらに面白いランドマークがあるのですが、以前から確認したいと思っていたので、見てみましょう。こちらに石の柱がありますが、これがプロイセンのランドマーク、マイルストーンです。プロイセンがラインラントを植民地化した一九世紀前半、それぞれの街をつなぐ道路がつくられ、近くの街までの距離を示すために、この柱がつくられました。ドイツ観念論の全盛期と同じ頃にプロイセンが入ってきて、それまでとは異なる測定システムを持ち込んだわけです。では、次の場所に参りましょう。

――あなたにとって子どもながらに哲学に興味があるというのは、どんな感じだったのでしょう？　ご両親は哲学をとくに学んではいなかったと聞いています。

そうですね。両親は哲学をまったく学んでいませんでした。

――あなたにとってほかとは違うこと、子どもの頃からすでにエリートだったことは、どんな感じだったのでしょう？　アイデンティティやほかの友だちとの関係において、どんな葛藤がありました？　子どもの頃の洞察について聞かせてください。

当然ながら私は、とんでもなく反抗的な子どもでした。自らの思考のおかげでね。両親は驚いていました。誰も予想もしていなかった事態で、親族の歴史の中で学者になったのは私が初めてでした。

母は、数百年の家族史の中で、高校を卒業した初めての人でした。もちろん戦後ドイツで社会変化があったから卒業できたのです。ドイツの「経済の奇跡」、ドイツ語でWirtschafts-wunder後の世代です。

祖父母は当然ながら第二次世界大戦で苦労しました。祖母は少し身体に障害があって、それでナチスに目をつけられました。祖母には時折、本当に脅威が及んでいたのです。ナチスが彼女をどこかへ連れていってしまう脅威がね。ナチスは有名な優生政策により、障害のある人びとに手紙を送り、彼らを「休暇」に招いていたのです。その頃は一九四三年で戦争末期だったので、この辺りの人びとはみんなその意味をわかっていました。曾祖母ももちろん手紙の内容を理解しました。だから曾祖母は、自分の子——祖母をその休暇には行かせませんでした。行かせていたら、私は生まれていなかったですね。

そして戦争が終わり、両親は社会的流動性が出てきた初めての世代の人間となり、教育をまったく受けていない家族の人間がドイツの正教授の中で最も高い地位につくこともできるようになりました。もちろん私自身がこの物語の証拠です。

いつの間にか哲学者になっていた

——あなたは特別ですよね?

すべての記録を破りましたから、確かに私は特別ですね。社会移動を早送りして上り詰めました。これは家族みんなに当てはまります。私の妹も哲学者で、弟は生物学の学位を持った、非常に成功した薬剤師です。ですから、私たちきょうだいは社会階層を一気に、まるでニューヨークのエレベーターのように、駆け上がってしまったのです。

——そのご両親のもとで子どもながらに何かを疑ったりするのは、あなたにとってどんな感じだったのでしょう?

プラトンの「洞窟の寓話」のように考えてください。この有名な寓話では、人びとは幻影だらけの洞窟の中にいます。彼らは影を見させられているのです。賢いエリートか何者かによってね。プラトンの「洞窟の寓話」は、ある意味、とても明快な寓話です。

とにかく、私は人びとが幻想の中に生きていると考えていました。それが私の経験でした。ですがなぜ自分がそう考えているのかはわかりませんでした。だから私はとんでもなく反抗的だったのです。

もちろんカトリック主義にも反対でした。この町は徹底したカトリック的環境にあります。当然ながら大人は私を強制的に教会に行かせようとして、そのすべてが私にとっては無意味でした。ですから私はいろいろと質問をしましたが答えは得られませんでした。それで私はあらゆる点で反抗しはじめたのです。

――どう反抗したのでしょう？

たとえば、スケボー少年のようになりました。ヒップホップ系のスケボー少年です。一九九〇年代のニューヨークのようにね。当時、ドイツはあるニューヨーク文化の影響を受けていたのです。世界中がですよね。ある種のポストモダンです。その影響がドイツのこの辺りにさえも及んで、スケボーやヒップホップがこの辺りにも言わば「送信」されました。それで私はその信号を拾ったのです。足首を折って家から出られなくなるまではね。

足首を折ったあとに、私は完全に哲学者に変身しました。高校の校長が衝撃を受けていたのを覚えています。夏休みに入ったときは、足首を折った反抗的なヒップホップ・スケボー少年だったのに、夏休み後に戻ったときには、スーツを着てもおかしくない感じだったのです。みんなが私をからかいました。当時の私は一五歳くらいなのに若い教授みたいな格好をしていたからです。

――いわゆるオタクみたいに？

完璧にオタクです。その言葉は使いたくなかった。昔の写真を見た妻にいつもからかわれていますからね。昔の写真は隠しているのですが、本当に危ないヤツです(笑)。突然、興味がある唯一のことが女子やスケボーではなくなり、古代ギリシャ語になったのです。ガラッと変わりました。みんなはそのときに「とうとう頭がおかしくなった」と思ったようです。その前は「反抗的」でしたが突然、みんなが「あいつはクレイジーだ」と思うようになりました。

その後、ハイデルベルク大学に行くため、私はボンからハイデルベルクに引っ越したのですが、一九歳で若い教授みたいな格好をしている哲学専攻の学生、つまり私以上にオタクな人間はいませんでした。大学は一三八六年に建てられ、構内にも街にも古い建造物が立ち並び、中世のよう。その中で私はまさにドイツ観念論を地で行くように振る舞っていたのです。博物館の中でなく、私自身がドイツ観念論の中で生きていました。

――具現化したわけですね?

そうです。具現化しました。面白いことにドイツにはジャーマン・ナショナル・メリット・ファウンデーションという財団の奨学金制度があります。資格を得るのがとても難しい奨学金です。私はその奨学金の候補になって獲得したわけですが、私を推薦してくれたのはボン大学の西洋古典学の教授で、彼が私をハイデルベルクへと送り出してくれました。彼はナショナル・メリット・ファウンデーションに単にひと言、「マルクス・ガブリエルは世界フライト・エリート団体の主要メンバーです」と送っただけです。今だから言えますがそんな団体は存在しません。

その後、面接を受けなくてはならなかったのですが、これが本格的で、「ギリシャ語ができる？」とホメロスのとても難しい一節をあげられ、「そんなに自信があるのなら読んで翻訳してください」と言われました。それらに合格したのです。そしてすべての課程を終えて、二〇〇五年にハイデルベルク大学の最優秀論文賞を受賞しました。

教授の一人でルディガ・ブートゥナーを覚えています。私の指導教官であり、悲しいことですが今年(二〇二〇年)二月に亡くなったヤン・サイファースンの次の地位にあった人です。二月末あたりですからコロナで亡くなったのかもしれません。突然、心臓が止まったのです。とにかく、ルディガ・ブートゥナーも私の論文の講評を書いてくれました。通常は一〇ページ程度ですが、私の指導教官は一五ページも講評を書いてくれました。私に最高の成績を取らせようとしてね。そしてブートゥナーも「ガブリエルほどできる人物はいない」というような文を付してくれました。ブートゥナーは一流のとても興味深い哲学者で、確かフランクフルト学派のテオドール・ヴィーゼングルント・アドルノの後継者です。敬愛するルディガ・ブートゥナーは偉大な思想家です。アドルノは当時のドイツの重要な知性です。

その後、私はハイデルベルクからニューヨークへと引っ越しました。ニュースクール大学へ移ったのです。「ヒップスター」という言葉が生まれた大学です。それで私はハイデルベルクのオタクからスケボー少年に戻ったのです。ハードコアの、ね。一気に変わりました。二度目の変身です。でもすでに哲学者になっていたので、哲学を具現化することで哲学者になる必要はありませんでした。サルトルの言葉を使えば哲学者を「演じる」必要はなかったのです。

——だから再び変わる準備ができていたのですね?

そのとおりです。なりたい自分にすでになれていたからです。

ニューヨークで確信した「意味の場」

——ニューヨークでは何があったのですか? ニューヨークでどう過ごしていたのでしょう?

ハイデルベルクから来たドイツ観念論第一のオタクとして、ニューヨークに降り立ちました。ニュースクール大学で教授の仕事をすることになっていたのですが、その前に、認識論者であるスティーヴン・シファーの講義を聞きに、ニューヨーク大学に博士課程修了者として行きました。

初めてのニューヨーク・シティです。ハイデルベルクからニューヨークです。それでクラスに行って「哲学に長けた人がいるわけがない。アメリカだぞ」と思っていました。ですが話してみると彼らは驚くほど賢いので、その力量を見たくなりました。それでクラスに座っているとスティーヴンが入ってきました。ダイエットコーラにスターバックスのコーヒー。筋肉質な身体。彼は「ジムからまっすぐ来た」と言っていたので汗だく。そして開口一番にドイツ人哲学者のライプニッツを笑い者にしたのです。私は完全に気分を害して「僕がバカにされた!」と思いました。そう感じたのです。私のニューヨークで抱いた初めての印象は「みな、無教養な野蛮人だ」というものでした。ですが、そのうち学びました。今となっては、こうしたさまざまな異文化体験も良い思い出です。

――ニューヨークでさまざまな出会いがあったと思いますが、先ほどバッタリ、叔父さんと出会いましたよね。このような偶然の出会いを哲学的にご説明いただけますか?

これは……この場所の磁力です。私たちはその真っ只中にいるのです。昨日、形而上学におけるラインラントの地形について話しましたよね？　今、私たちは形而上学における磁心に近づいているのです。だから当然、私が人びとを引き付けるのです。彼らは私がここに来ていると知らなくていいのです。私が彼らを引き付けますから。こういったことは続けて起こります。

――つまり、あなたが磁石？

磁場があるのです。私は磁場の活性剤ではありません。磁場の構造は物理で学ぶとおりです。私はこれを「意味の場」と呼んでいます。物理的な「場」だけではないからです。そして人びとはこの「場」と作用し合う。これは単なる原理で、物理で学びましたよね？　物体は「場」と干渉します。これが因果です。「因果」とは何かに触れなくてはいけないわけではありません。今、私は歩くことで芝生《しばふ》に足で作用を与えています。これも因果の一つです。私がここにいることでも芝生はある状態になるのです。同じ電磁場にいるからです。

ですから、私は確信しています。ここにある「場」とここに今いる私の存在。この存在が家族の絆も含めてあらゆる「場」と作用し合うのです。この状態が家族の絆を活性化するのです。家族の絆は現実であり、実在するものの一つです。私たちは絆を感じます。感情のレベルで絆を理解しています。感情の存在を疑う人はいません。なぜ感情は肉体の中にあると私たちは思うのでしょう？　私たちは、思考は肉体から離れることもあると思う傾向にありますよね。私はあなたのことを考えられるし、私の思考はあなたに届きます。

肉体に留まりません。思考は事実を前にして留まることはありません。これは哲学者ジョン・マクダウェルの言葉です。なぜ私たちは、感情は現実の一部ではないと思うのでしょう？　なぜ感情はここにあると思うのでしょう？

もし「感情の場」というものがあるのならば、もし意識が現実に本当に散らばっているのなら、当然、私が偶然を引き付けるわけです。この場合、偶然は完全なる偶然ではなくなります。

因果ネットワークを網羅すれば必然の場がわかる

――「意味の場」はとても興味深いですが、それは嘘だ、でたらめだという人もいるのではないでしょうか。そのような批判や反論に対してどう答えますか？

そうですね。哲学的に説明しましょう。私たちは意味のある意識経験をどのように現実と統合するのでしょうか？

今、多数派の見方は間違いなく、自然主義ですよね。その考え方でいくと、私たちの意識経験が現実の一部であることは、あり得ないことになってしまいます。あなたが現実に「意味がある」と思うとき、それはいつも、「幻想」ということになってしまいます。神経学や心理学など、「現実を体験している」以外の何らかの方法で説明しなければならなくなります。

たとえばあなたが東京の地下鉄で、偶然、友だちと会ったとしましょう。あなたは友だちと会えてうれしい。つまり、意味のある遭遇を経験したことになりますよね。

証明責任を負う側を入れ替えましょう。私は自然科学的、定量的な理論を述べているのではありません。私が叔父に会ったのは自然の法則によるものだ、などというのは支離滅裂な理論ですよね。私が言っているのはそういうことではありません。

何も小難しい話をしようというのではありません。哲学の科学的見地から、中立的な主張をしたいと思います。現実には意識経験が含まれます。この点については、私は最後まで譲りません。これを否定する人は間違っています。それこそが嘘です。意識経験は現実の一部です。

問題は、意識経験は現実にどこまで深く入り込むのか、ということです。そして、すでにこの世にいない人も含めた絶対多数が、意識経験は現実の中心まで入り込むと考えています。すでにこの世にいない人も含めて、自然科学で探究可能な、ちっぽけな領域が現実のすべてだと主張する人はほとんどいません。それは少数派の考え方です。

ですから、私の考え方は科学的にみて突拍子《とっぴょうし》もないものではなく、数万年にわたる人類の意識に対する考え方です。

証明責任は私ではなく、私が親族に遭遇したことの意味を含む、意識経験の現実と影響を否定する側にあります。

私がここで知人に遭遇する可能性は統計的に低くない、とあなたは言うかもしれません。では数字を見てみましょう。この町の人口は二万人です。ここを訪れる人たちもいますから、現在この町には二万五〇〇〇人の人がいるとしましょう。

そうすると、統計的には、私が叔父に会う確率は二万五〇〇〇分の一ということになります。でも、さっき本人から聞いた通り、叔父はここにマンションを購入したばかりです。私はそれを知らなかったのですが、それで、叔父に遭遇する可能性が高くなりますよね。

このように、私がすべての因果ネットワークを提供すれば、なぜ叔父がここにいて、私がここにいたか、個別に説明することができます。叔父は、本当は別の場所に行くつもりだったのに、私がここに来たので、ここに引き寄せられた、などという因果関係ではありません。それは突拍子もない説明です。私が言っているのはそういうことではなく、現実における意味のネットワークは、何が起こるかを説明するものの一部だということです。

私たちがここに来る意図と、叔父がここに来る意図が、ある意味で重なって、叔父が私に気づいたのです。叔父が過去の私と今の私との意識経験を持っていなかったら、私に気づかなかったでしょう。私のことを知っている必要があったのです。ですから、叔父との遭遇は、統計的確率からいって、まったくの偶然ではなかったのです。遭遇の確率はぐんと高くなります。叔父の精神状態や過去の私との遭遇、親族の絆などの要素も含むからです。

こうしてすべての因果ネットワークを網羅すれば、叔父との遭遇は必然だったということになりますよね。これが社会的な絆の「意味の場」であり、なぜ私が叔父に遭遇したのかを説明する一端です。そのほかの、魔法のような因果関係の力は存在しません。

街灯は一本か二本か

このように、地に足のついた説明ができるわけです。叔父との遭遇は必然でした。偶然ではなかったのです。

今、小雨が降りだしそうですよね？　私は六歳のとき、最初に「意味の場」を発見したのですが、そのきっかけとなったのが一本の街灯でした。そして、そのときの天気がちょうどこんな感じだったのです。叔父との遭遇と同じ、この状況も偶然ではないのです。さあ行きましょう。まさに当時とそっくりな状況です。

魔法などいりません。正しい説明こそが必要です。私たちは現実から抽出した純粋な統計モデルが最も優れた説明だと思っています。でもそれは突拍子もない考え方なのです。私の考え方ではなく、統計的な考え方が完全におかしいのです。なぜこの状況を単に数字として見るのでしょうか？　そこに見える木は数字ではなく緑の木です。足元に見えるのは草です。私がどう感じるか、なども数字ではありません……。

ここは私の小学校への通学路だったのですが、あの街灯を見てください。六歳のある日、ちょうど小雨が降り出したころ、私は学校に向かって歩いていました。そしてそのとき、小さな雨粒が私の右目に入りました。当時の私はもちろん今よりもっと背が低かったので、視点はだいたい腰の高さくらいでしょうか。

この街灯が当時とまったく同じ街灯かどうかは確認していないのですが、この古さから

「そこにあるのは果たして一本の街灯なのか、二本の街灯なのか？」

して一九八六年からあったとしてもおかしくないでしょう。本当に同じかはわかりませんが。でも同じスタイルの街灯です。少し錆《さ》びかかっているので、まったく同じ街灯と考えてほぼ間違いないでしょう。

そして、ここで単純な光学現象が起きました。ちょうど眼球を少し押したときのような感覚です。今私はあなたが二重に見えます。あなたもそう見えますか？　あなたの姿が二つに見えます。目に入った小さな雨粒で、そのときの私にも、ちょうど同じ現象が起きました。光が二つに分かれて、街灯が二本に見えたのです。

そこで立ち止まった私に、すぐにある疑問が浮かびました。「今は街灯が二本見えるけれど、これまではずっと一本に見えていた。僕はどうして、この街灯が一本だと思うんだろう？　もし、これまでこの街灯が二本に見えていたとしたら、僕はこの街灯を一本だと思っていたのだろうか？　それでも二本だと思っていたのだろうか？」

私の疑問は、私たちはどうやって、自分にそれがどう見えるかとは関係なく、客観的な現実を判断するのか、ということでした。そこにあるのは果たして一本の街灯なのか、二本の街灯なのか？

こう考えてみましょう。ここから見える街灯があります。あなたの立っているところから見た街灯は違って見えますね。反対側から見た街灯の見え方も違います。ではこの街灯のイメージはどこにあるのでしょう？　街灯のイメージはここにあるように思えますよね。物体があって、その表象があります。では表象はどこにあるのでしょう？

脳の中にあると思うかもしれませんね。それが正しいかどうか、私たちは知りません。一つの答えではありますが、あまりいい答えではありません。表象が脳内にあると考えると、さまざまな支障があります。まずそれがどこにあるかわかりません。脳を解体して、街灯のイメージを取り出したことがある人はいません。脳にあるのは、神経細胞やグリア細胞といった細胞です。脳にあるものが何であれ、その中に街灯のイメージはありません。

それでは街灯のイメージはどこにあるのでしょう？　その答えが「意味の場」の存在論です。当時から数十年後にたどり着いた答えです。いろんな答えを試し、今でも答えを変えることがあります。

でもここ一〇年ほど、私がこの非常に重要な問題に対して擁護している答えは、「イメージはここに存在する」です。

私の脳にあるのは神経細胞で、イメージはありません。あそこにあるのは、街灯のすべてのイメージです。これは現実です。そして、街灯自体は、イメージ同士をつなぎ合わせるものに過ぎません。バートランド・ラッセルもある時期、似たような思考を持っていました。アンリ＝ルイ・ベルクソンもね。そのような考え方は哲学史に前からあったのです。別のバージョンではありますが。

これが、「意味の場」の存在論です。つまり、イメージの場があって、「引力」があるという考え方です。ものを引き付ける何らかの力の比喩です。本当の引力である必要はありません。

いずれにせよ、何らかの力がある。そして、そのイメージを結び付ける力が「対象」です。対象はイメージの外にあるわけではありませんよね？　対象はただの「力」です。ですから、私がこのように動き回ると、街灯のイメージは二つでも、一つの同じ対象に見えます。

私は対象の数を増やすのではなく、対象のイメージを増やしているのです。それはなぜでしょう？　これが私の心に依存するものだったら、私には対象が存在するかどうかわかりません。私はそのイメージしか持っていないのですから。このイメージのすべてがどうやって同じ対象を表しているとわかるのでしょう？　その答えは、イメージを結び付けるものが対象だからです。

そこがポイントです。それが「意味の場」の存在論です。このように現実を捉えると、世界が消えていくのです。ここからは、一番目の考えです。それもこの道で考えましたが、今度は逆方向から来ました。別の方向から撮影する必要があります。あちらからです。

さて、こちらからは違った景色が見えますね。中世の建物が見えます。当時は一〇分の一税という、収穫の一〇分の一を税として収めるシステムがありました。あそこは一〇分の一税を徴収した納屋です。その後ろに教会があって、世俗領主を支援していました。とても中世的な風景です。

現実のつながり方

それはさておき、私が学校から家に帰る途中、ちょうど今くらいの時間帯でしたが、二つ目の思考実験が始まりました。そのとき、さっきまでは学校にいた自分が今はここにいて、昼食時には家にいるということに気づきました。

では、過去はどこにいったのだろう？　学校でのシーンは？　私が家にいるシーンは？　これらはどうつながっているのだろう？　そして、こう考えました。それは自分の記憶の中でつながっているのだと。未来の予想と過去の記憶はどちらもつながっていて現在起きているのだ、とね。でもそれでは、過去が現在に存在し、未来も現在に存在することになってしまいます。しかし、それが正しいはずはない。なぜなら、過去は過去にあって現在にはなく、未来は未来にあって現在にはないからです。

そこで私はこう結論づけました――安定した、哲学的に擁護できる理論にするまでには何年もかかりましたが――それぞれのシーンは結び付いていないのだ、と。過去は現在とも未来とも完全に切り離されていて、それらを結び付ける法則などは存在しません。

自然の法則は――このスペクトルに自然の法則をどのように統合するかは複雑な話ですが――過去、現在、未来を結び付けません。なぜなら現在には、物理学の対象領域に入らないものがたくさんあるからです。言語もそうです。今私は英語で話していますが、英語は物理学では学びません。では私が話している英語は、このシーンを撮影しはじめたときに私が話していた英語とどのようにつながっているのでしょう？　物理学ではその答えは出ません。

ですから、自然の法則がものを結び付けるものであるわけがありません。それは私にとって画期的な気づきでした。のちに私は「世界は存在しない」という結論に至ります。つまり、現実は相互につながっているものではなく、独立した断片で構成され、断片同士がたまに重なり合っているということです。

ここにはさまざまな意味の層がありますよね。京都やベルリンとは違ったものです。ベルリンに行けば、あなたはベルリンにいることを実感するでしょう。そこで目にするものは「ベルリンらしさ」です。「ベルリンらしさ」が大好きな人が大勢います。だから人が集まって大都市になったのです。素晴らしい都市です。どこが素晴らしいのかといえば、都市全体のスタイルですね。美的な魅力です。ベルリンにはベルリンにしかない、とてつもない美しさがある。これは「ベルリンらしさ」です。私の考え方では、「意味の場」の存在論で理解できます。「ベルリンらしさ」というものが存在するのです。客観的に実在する特性であって、ベルリン好きの人の心の中に存在するものではありません。「ベルリンらしさ」はただ存在します。

ベルリン市民の中には「ベルリンらしさ」が好きな人もいます。ベルリンが嫌いな人は「ベルリンらしさ」が嫌いです。いずれにしろ「ベルリンらしさ」は現実に存在します。同じように「ジンツィッヒらしさ」、「ラインラントらしさ」も存在します。AM放送とFM放送のようなものです。現実はこのように意味のある波動で伝わってきます。頭の中に存在するものではありません。私が言っているのはそういうことです。

Ⅶ章　「他者が正しい可能性はある」

法律は倫理と権力の接点か？　数学的世界と自然との接点は？

――あなたの哲学についてお聞きしてきましたが、今後、たとえば二〇年後でも解かれていない問題はありますか？　あなたは何を探しているのでしょう？　あなたの問いかけるものはなんなのでしょう？　あなたが概念やアイデアを説明し、哲学について話をすると、とてもシンプルに聞こえます。しかし、きっとそうではないですよね。今後は何をしたいですか？　まだ未知の部分はありますか？

そうですね。まず、まだ哲学的に満足のいく解決ができていない二つの問題点について研究していきたいと思っています。

一つは政治の哲学です。私たちはどうやって社会契約を再構成するかですね。社会契約とはそもそも何なのか？　政治的、経済的等、さまざまな形の権力と正義との関係はどのように築かれるべきなのか。広い意味で、倫理と政治の関係性ですね。

これはまだ解決できていません。また、この中で、法律はどこに位置するのか。法律は倫理と権力の接点であるように見えます。倫理、政治、法律、この三つをどう考えればいいのか。これを今研究しています。

今後研究していく二つ目の問題は、自然(nature)の哲学です。自然の本質とは一体何なのか？　Ⅴ章でお話ししたように、定量的な数学的世界と定性的な自然には大きな違いがあります。では、その二つの関係はどうなっているのか？　この二つを融合できる未来的な物理学はあり得るのか。今後、数量化が難しい、性質や傾向を扱う定性物理がどう見えるか。もしかしたら、将来的に新しい数学用語を作り出すこともできるかもしれません。自然の哲学に存在する技術的な問題について調べていきます。まだ答えは見つかっていません。

近く、私の哲学の仕方と現代物理学の実際の接触点がどこにあるのかを調査するため、現代物理学に必要な数値的方法を私に教えてくれる人を雇おうと思っています。

これまでの伝統的な哲学者たちは、この接点が量子力学だと思っていました。私はこれを疑っています。量子力学は広く理解されている物理学です。しかし、物理学の最前線では一体何が起こっているのか。もちろんこれは理解するのがとても難しいものです。

しかし、哲学は最前線の現代物理学の何に貢献でき、一方、物理は哲学の何に貢献できるのか、どちらもまだ答えを出せていませんが、わかるところまで、現代物理学を理解しようと思います。

ですので、今も物理学者と会話したり、ともに研究したりするなどはしているのですが、今の物理学の最前線についてどう考えることができるのか、理解できるように数学的世界に入り込んでみたいのです。

今の私は直感的な推測しかできないのです。現代物理学を学ぶのには大変な労力が必要でしょうね。満足の行く答えに辿りつけるまでに、これらが、まだまだ私にとってとても暗い部分なのです。

哲学が現実に果たすべき役割とは？

――とても興味深いです。闇を照らしてくれる光がみつかりますように。

あなたは哲学と正義、倫理や経済などの関連性を探しているとおっしゃいました。しかし、哲学はこれらをすべき分野ではないという人もいます。哲学は思想のことであって、社会に影響を与えるべきではないと。このように、哲学が社会に何をすべきかで反対意見を持っている人たちのことをどう考えますか?

それは、哲学の役目の本質について、実に無知で見当違いな観点です。

哲学なくして、私たちに現代の三権分立はないのです。モンテスキューの『法の精神』では、権力を分けるべきであると、素晴らしいアイデアを考案しています。

ドイツの憲法は、人間の尊厳は不可侵であるという言葉から始まります。こちらもカントらが提唱した、人間の尊厳および人間の本質の構想がなければ形になっていなかったものです。

同じようなケースがたくさんあります。近代でいえば、ハーバーマスによる、戦後ドイツの民主主義の発達への影響です。それから、言うまでもなく、政治という言葉自体、また、政治について考える学問領域もアリストテレスが作りました。

経済学や政治学などはアリストテレス、また、共和制はプラトンなくしてあり得ません。古代ギリシャの哲学者なども含め、哲学は社会契約を作り上げるのに大きな影響力を持っています。まさに、『社会契約論』は、ジャン=ジャック・ルソーの本ですね。

では、中国はどうでしょう？　中国のイデオロギーのソフトウェアは中国マルクス主義(sino-Marxism)ですね。ですから、哲学が無力で歴史で起こることの傍観者であるという考えは、この世の中がどう働くかについてまったく無知な考え方です。

アメリカを見てみましょう。現在のイデオロギーや政治状況や経済などは、マルティン・ルターのプロテスタント主義なくして存在し得ません。もちろん、アメリカが受けた影響力の一つという意味ですが、重要な影響力です。

「哲学は、歴史で起こることの傍観者ではない」

厳密に言えば、ルターは神学者ではありましたが、彼は哲学のスタイルを新しい形に作り変えたのです。

このように、哲学は重大な役割を果たしています。ここから川を上って百数十キロメートルの地にあるマインツのグーテンベルクによって初めて印刷機が発明され、それによって生まれた古今のベストセラー『キリスト者の自由』で、著者のルターは、おもに自由意志と決定論について、「二律背反」という言葉を作り出しました。これは人間について考えるのに、今日に至ってもまだ大きな影響力になっています。

哲学にまつわる思索の源は、どこから始めればいいのかさえわからないほど、たくさんありますね。これらはヨーロッパ、西洋の話でしたが、アジアでは老子や孔子、ブッダなど、枚挙にいとまがありません。ですから、哲学が浮世離れした分野であるというのは、事実と一致しないのです。

「新実在論」のインパクト

――哲学は昔からあり、私たちは哲学なしで世界を考えられないのですね。では、あなたの新実在論とは？　新実在論が世界にもたらす影響は何ですか？

私は、新実在論を、新倫理的実在主義と新啓蒙主義の構想として進めていく作業をしています。国際社会が一緒になって、私たち全員を一つにする倫理的真実を見出さなければならないというアイデアです。

私たちは、真実と事実に基づいた新しい社会契約が必要なのです。これは、フェイクニュースやオルタナティブ・ファクトなどの時代――まさに現在ですが、まだ起こっていないことですね。

私たちは、人類を一つにするものを見つけ出さなければなりません。

これはもちろん、哲学者だけでは不可能です。私の本 *Moral Progress in Dark Times*（暗い時代での倫理的進歩）でも、協力を呼びかける声明を出しました。各国の哲学者たちだけではなく、ビジネスや政治、それぞれの科学の分野に対して呼びかけたのです。「グレート・リセット」という世界経済フォーラムのクラウス・シュワブ氏による素晴らしい言葉に続き、私たちには新しい形の協力が必要なのです。この地球で生き延びる構想を再構成しなければなりません。もちろん、気候倫理や生態学について考えなければなりませんし、これらについての素晴らしい哲学の研究もたくさんなされています。それぞれの分野のチームと一緒に働く哲学者を、社会のさまざまなポジションに置かなければなりません。

新実在主義では、プロパガンダやイデオロギー、錯覚、妄想、偽りなどから独立した真実の形があり、それを尊重しています。つまり、感覚の領野として、実在の形はすでにあり、発見されるのを待っているのです。そして、私たちはみな、ただの傍観者ではなく、その現実の一部なのです。

現実には、別の現実になるものや、現実の外側にある現実というものは存在しません。このことに本当の意味で気づけば、私たちはみな一緒にいるのだということを理解できると思います。

新しく書いた本の中で言葉遊びをしたのですが、ドイツ語では現実を「Wirklichkeit」

といい、この中に「私たち」を意味する「Wir」という言葉が入っています。つまり、私たちをつなげているのは現実そのもので、私たちは現実から逃れられないのです。

哲学者の可能性

環境の大惨事に関しても、私たちは運命共同体です。みなが同じ境遇にいるので、文化的な違いとしてあるギャップなど埋めなくても良いのです。地球の大気が私たちみんなをカバーしているのであれば、アジアやヨーロッパ、アフリカなど、間にあるのは、まったく取るに足らないほどの海水だけで、私たちはみな同じ空気を呼吸して生きているのです。二〇二〇年をまとめると、「I can't breathe.（息ができない）」だと思います。急にたくさんの大気汚染の問題が出てきていますね。ジョージ・フロイドやコロナなどによって、私たちが地球を破壊しているのが可視化されています。

このような流れの中で、哲学者は重大な役割を担うことができるのです。私は新啓蒙主義を呼びかけ、広めようとしていますが、哲学者こそが、今ある議論をコントロールできると私の新啓蒙主義をもって提案しているのです。

もちろん、私たち哲学者は暴君や独裁者ではありません。事実の構成について一つの特別な見識をもっていて、政治がそれについて来なければならないと言っているわけではありません。

ダイナミックで機敏な、横並びの話し合いをしなければならず、そのゴールは、意見の一致を得ることではなく、何をしなければならないかを探し出すところにあります。単に意見が一致するだけでは、その話し合いに参加しなかった人たちを説得できないからです。

話し合いの役目は、まさしく、誰も除外しないところにあります。話し合いで誰もが受け入れられる事実を見出さなければなりません。みなが合理的な考え方ができるのであれば、これが理想です。

今ある危機へと誘導した近年の政治傾向、つまり事実の否定が招いた結果ですが、その逆のこと、すなわち、受け入れられる事実を見つけ出すということですね。

私たちはもう数十年にも渡り、事実を否定してきました。ドナルド・トランプが近年の根深い問題のいい例です。新啓蒙主義の精神とは、そうですね、ポジティブでクリアな、前向きなメッセージなのです。まだ問題は解決できるというね。

しかし、文化や宗教、各地域に属する考え方などからも完全に独立した、世界中の誰にでも共通する客観的な倫理的事実があることを否定していたら、問題は解決できません。

国境は開かれるべきである

――あなたが宣言(manifesto)という形で表した哲学の概念でさまざまな分野の人たちが会話に参加することができるということですね。現実(reality)は一つしかないので。環境に関しても、世界共通の問題ですので、みなが会話をし、前向きに今の状況から抜け出すということですね。

その通りです。みなさんに会話に参加してもらうには、ステレオタイプな思考を破壊しなければなりません。この環境問題の会話に中国が参加しなければ、人類のことについてなど、もちろん話し合えませんよね。人口一四億人で、世界経済の二番目にある国です。

私たちの民主制度や政治制度と違い、中国共産党が統治していて、私は中国の制度に反対しています。しかし、話し合いをする際に中国を除外してはいけないのです。話し合いに中国、またはアメリカ、アフリカ、ラテンアメリカ等、どこかを除外するのはクレイジーなアイデアなのです。人類についての話し合いは、すべての思考のステレオタイプを乗り越えてなされなければなりません。

それぞれ違った人たちの意見を聞き、共通した見方を探し出さなければなりません。全人類に共通した見方は存在するのですからね。

――今は、国境などが閉鎖して、扉を閉めてしまっているから難しいのですね。政治家は……。

はい。そこが間違っているのです。政治家は哲学者の言っていることを聞くべきなのです。コロナで世界が犯している最大のミスは、国境を閉鎖してしまったことだと哲学者である私は考えます。私たちがしなければならないのは国境を再度開くことです。

――教会の鐘が鳴っていますが、鳴り止むのを待ちましょうか。

そうですね。私たちが話を続ける前に、神が黙らなければなりません（笑）。

（神に向かって）もう話は聞きましたよ。

（再び鐘がなる）今度はイエス・キリストですね。さっきのは、大きな神がゴーンゴーンで、今度は小さな神で、そのあとの精霊の分が終わったら、話を続けられますね（笑）。

今こそ「道徳哲学」による啓蒙主義を再構築するとき

――あなたのメッセージは、将来についてポジティブに考える助けになります。現在のことだけではなく、今後何が起きるかについて。あなたの言うような考え方や方向に向かうには、どれくらいの時間がかかるとお考えですか？　実現可能なのでしょうか？

すでに光は差していると思っています。啓蒙の光がね。実現にどれくらい時間がかかるかについては、将来を予言することはできません。私は預言者ではなく、哲学者ですからね。

実現するために哲学者としてできることは、この考え方を現実の世界に提示することです。そして社会のあらゆる層に広げること。もちろん国境を越えてです。

私が今やっているように、この考え方をみなさんと共有することで、メッセージを広く伝えるのです。メッセージが広がれば、この新しい考え方が、いわばウイルスのように拡散されます。そして、もしこの新しい考え方が真理であれば、強力な拡散力を持つでしょう。

〝新啓蒙主義の弁証法〟を予想することはできません。どのようになるとしても、以前の〝啓蒙の弁証法〟と同じになることはないでしょう。

前回の啓蒙主義は、誰も意図していなかったものの、全体主義的独裁、植民地主義、新植民地主義、帝国主義などにつながりました。さまざまな惨事を引き起こしてしまったのです。

中国もそうですよね。近代化による科学技術の急激な発展に賭ける思想がベースになければ、当時の日本が中国に進出することもなかったでしょう。今になって振り返れば悲惨な出来事でした。

しかしそんな時代は終わりました。過去のことです。今、私たちは新しい時代にいるのです。二一世紀の脱グローバル化の中で、世界は新たな展開を見せようとしています。

今こそ啓蒙主義を再構築するときです。

前回と同じ轍《てつ》は踏みません。なぜなら今回は、「道徳哲学」に支えられた道徳的進歩なくして自然科学や科学技術の発展はない、ということがわかっているからです。

それがわかっていなかったために、前回は原子爆弾や全体主義的独裁、私たちが現在目にしている環境破壊を生んでしまいました。

これはポジティブなメッセージであり、シンプルな思想です。道徳に関わる事実と、道徳にかかわらない事実を組み合わせるというものです。非常にシンプルなのに、今まで試されてきませんでした。

とても明快な考え方です。こう思う方もいるかもしれませんね？　「簡単すぎて本当にうまくいくとは思えない」と。しかし実は簡単なことなのです。簡単なのだから試してみない手はないでしょう？

こんな意見もあるでしょう。「世界の大国や政治家たちはどう捉えるだろうか?」だからこそ私は協力が必要だと言っているのです。プーチン、習近平、メルケル、日本の首相が話し合いのテーブルについて合意できるような、世界各国に共通するテーマが必要です。私はそれがあると思っています。最低限でも「人類の生き残り」については共有できるでしょう。地球の生態系、環境が破壊されることを望む人などいませんからね。

これから目指すべき道徳とは

――次の質問は「道徳的進歩」についてです。これは抽象的な言葉ですね。日本の視聴者の中に、たとえば高校生がいたとして、道徳的に進歩したいと思ったらどんなことをすればよいのでしょうか? 具体的にどういうことを心がけたり、実践したりすればよいのかお聞かせください。

次のように考えてみてください。特定の行動には、それを行う理由がありますよね? たとえば高校生なら、朝起きて学校に行くのには理由があります。行かなければ親や教師とトラブルになる。これも登校すべき理由になります。

好むと好まざるとにかかわらず理由があって行うことを哲学では「行為理由」(reason

to action）と言います。ここで自分に問いかけてみてください。自分以外の立ち場にいたら、どうするだろうか？　そして全人類にかかわる決断を迫られたらどうするだろうか？　とね。

全人類のためになることをしようと考えれば、一部の人だけを対象としたことはしませんよね。一段高いところから全体を見ているからです。これを「普遍主義」（universalism）と言います。いわば、自分の頭から一つ上に出たところで物事を考えるわけです。

私は今、あなたの立場を想像することができます。あなたはレンズを通して私を見ています。私たちは互いに視点を変えることができます。

何かをする理由が「人間だから」ならば、それは道徳的な理由になります。たとえば、ソーシャルメディアをやっているとしましょう。こう考えてみてください。「他人の顔を殴るか？」と聞かれたら、おそらく「そんなことはしない。到底できないよ」と答えるでしょう。

でもツイッター上で他人を侮辱すれば、同じことをしているのに等しいのです。もしかしたら、もっとひどいことをしているのかもしれません。顔を一回叩かれるほうが、オンライン上で攻撃の嵐に見舞われ、精神的な暴力を受けるよりもマシかもしれませんからね。

ですから、日常生活で実践できることの一つは、暴力的な思考を持たないように心がけることです。暴力的な思考を持っていると、遅かれ早かれ表現してしまうでしょう。

暴力的な思考を認識できるようになり、暴力を避けることが、道徳的に進歩する一つの方法ですね。これなら日常生活の中でできます。思いやりを持つよう心がけるのもそうです。ポジティブなエネルギーを追求し、中立的な観察者のように自分の頭より一つ高いところから物事を見るのです。

このような行動様式を取っていれば、幸福感が得られます。なぜなら幸せでいることと、道徳的に正しいことをするのは同義だからです。道徳的であることと、ナイーブであることは違います。利他主義(altruism)とも違いますね。

一方、道徳的であることと、利己主義(egoism)は重なるところがあります。正しいことをすると自分のためになるからです。他人との関係において適切なバランスを取ることができる。これがまさに道徳哲学です。人と人との良いバランス関係について探究する学問ですね。

相手の見方を取り入れると、視野が広がる

——英語で次のような言い回しがあります。正確ではないかもしれませんが「相手の靴の中に入ってみろ」(put oneself in someone's shoes)です。相手の立場で考えろという意味ですが、多くの人がなかなかそうはできません。あなたの新実在主義(new realism)では、具体的な方法を説いているのでしょうか？　実現可能だと思いますか？

ええ。私が参考にしている、ハイデルベルクの哲学者ハンス゠ゲオルク・ガダマー(Hans-Georg Gadamer)の素晴らしい言葉があります。「シュピーゲル」誌のインタビューで語った言葉で「他者が正しい可能性はある」(The other could be right.)です。

これは実にシンプルな倫理の原則です。「相手が正しい」でも「自分が間違っている」でもありません。ただ単に「相手の観点を、感情も含めて考慮する必要がある」ということです。

それでもあなたが一〇〇パーセント正しければ、相手に反発したり、相手を拒絶したりするかもしれません。でも大切なのは、相手の立場からどう見えているかを知ることなのです。

相手の見方を取り入れることで、自分の視野を広げることができます。それが道徳的進歩(moral progress)につながるのです。

ときには相手の話を聞くだけでいいかもしれません。たとえばアイデンティティが衝突したときには、話を聞くことが重要になってきます。

ジェンダーについて考えてみましょう。男性と女性を区別する標準的なラインをどこで引くかは明白ではありませんよね？　男性の観点、女性の観点という概念を超えるには、前提として、あなたとは異なる性別の人の話を聞くことが大事です。たとえばあなたが女性だと認識している人に話を聞けば、彼女の行為理由(reason to action)に女性であることが関係しているのか、いないのか、ほかにもっと興味深い理由があるのか、気づくことができます。ほかの人の観点を知るためには話を聞くことが重要なのです。

ジェンダーバイアス(性的偏見)には、典型的な力の対称性の問題があります。たとえば、男性と特徴づけられるグループが、人類の一部を占める女性と特徴づけられるグループの話を聞かない。女性が男性よりもおとなしいからではありません。おしゃべりな女性もいますよね？　どうしてそういう行動を取るかといえば、それぞれにロールモデルがあるからです。でもそれは互いに間違っているのです。

相手の観点を取り入れるには、話を聞くことが大事です。ときには聞くだけでは不十分で、話し合う必要も出てくるでしょう。

このように、実践すべきことは多岐にわたります。私がⅥ章でお話しした街灯のことを思い出してください。もし対象物――現実（reality）が本質的に多様な見方ができるのだとしたら、どういう見方があるのか学ばなければなりません。

もし特定の偏見を持っているとしたら、たとえば東京の人が大阪の人に偏見を持っているとしたら、お互いにかもしれませんが、大阪に行ってみるのも一案ですよね？　お互いの違いに注目して、誤解していないか見てみるのです。

最近出版した私の著書で、アイデンティティ政治（identity politics、「アイデンティティ・ポリティクス」とも）を乗り越える二つのステップを提案しています。

一つ目のステップは、私が「違いを認める政治」（difference politics）と呼ぶものです。アイデンティティ政治の正反対であり、次の事実を考慮します。「私と違う人がいれば、私もその人とは違う」、すなわち他者の対称性です。「もしAがBと違っていたら、BはAと違う」ということです。これを考慮するのがステップ1です。違いを認める政治です。

しかし、これだけでは十分ではありません。AとBに違いがあれば、衝突する可能性は残っています。お互いの違いを認識するがゆえに、アメリカと中国のように衝突してしまう。そして違い自体が暴力の理由になってしまうのです。

ですから次のステップは「違いにこだわらない政治」(politics of indifference)と呼んでいるものです。違いよりも共通点に注目する政治です。「アイデンティティ」でも「違い」でもなく、「違いにこだわらない」ことです。ここに到達することが必要だと思います。

終章　分断を越える最後のチャンス

道徳とは善、悪、中立を見極めること

――また大きな言葉になりますが、道徳（morality）について聞かせてください。日本では小さなころから学校で道徳を学んでいて、ずっと道徳、道徳、と言われるので若干うんざりしている人もいるようです。大切なもののはずですが、そもそも道徳とは何ですか？

まず、道徳とは何かという大事な質問に答えるために、道徳（morality）と倫理（ethics）の間に重要な線引きをしましょう。倫理は道徳を研究する哲学的な学問分野です。研究対象である道徳は、私が単純に人間であるがゆえにする行為の理由です。私の行為には理由があり、私が教授だから、夫だから、父親だから、あるいは今ここに座っているから、行うこともあります。陽のあたる場所を探すのは、暖まるためです。こうしたことは道徳的な問題ではなく、道徳的かどうかとは無関係な行為です。私はこれらを行為の中立的な理由と呼びます。

でも、私が溺れている子どもを見つけたとしましょう。川に飛び込めば簡単に助けることができて、自分自身に危険がなければ、私はもちろんその子を助けるべきです。道徳的な理由からです。人間同士だからという単純な理由で、私はその子を救わなければなりません。これは道徳的に善いことです。逆にその子を深みに押しやって殺してしまうのは、

悪いことです。それは単純に、私たちが人間同士だからです。

このように道徳とは、何が「善」で何が「悪」か、そしてその間の、善でも悪でもない「中立」とは何か、ということです。良い世界では、善行の必要はありません。中立的な行為をするだけでほぼ済む構造が、すでに実現しているからです。私たちはただ行為を楽しめばいいのです。

望ましいデジタル化とは

――このコロナ禍において、私たちの生活はバーチャルなものになっています。家にこもってゲームをしたり映画を見たりして過ごすことが多くなっています。これも一つの現実なのかもしれません。これは良いことなのでしょうか、悪いことなのでしょうか。あなたが提唱する「新実在論」とのバランスはどう取ればいいのでしょうか?

そうですね。私は、道徳的進化のマニフェスト、新しい啓蒙に関する著書の中で、「望ましいデジタル化」を提唱しています。もちろん、デジタルデータには望ましい使い方もありますが、望ましくない使い方もありますよね。たとえばネットフリックスが消費的な物語を提供することによって映画館がすべてなくなってしまうようなことがあったとしたら、これは望ましくない影響だと私は考えます。また、ロックダウン中などに、もう一つの暴力的なメディアであるツイッターの利用が増えて、精神的暴力が増加したのも望ましくないことと言えるでしょう。

その代わりに今私たちに必要なのは、望ましいソーシャルメディアのあり方です。たとえば、ロシア、中国、アメリカなど大国にコントロールされることなく、悪い意味での政治的なものとは一線を画すプラットフォームです。民主的な問題を議論できる場です。

古代ギリシャの市場で、アテネ人――少なくとも自由なアテネ人が政治的な問題について議論することができた「アゴラ」のようなソーシャルネットワークがあったらどうか、想像してみてください。誹謗中傷は違法ですぐに削除される一方で、異なる意見や論拠には耳を傾けるようなソーシャルネットワークがあったとしたらどうでしょう？

そこでは、たとえば東京の地下鉄を削減するべきか、それとも増設するべきか、パンデミック中にどのように食料を分配するか、といった問題について話し合います。こうした議論ができるフォーラムを想像してみてください。さまざまな層から、いろんな政治家が参加し、攻撃されることなく自分の意見を書き込めるようにして、それについてみなで議論することができるようになったら？　これはとても意味のあるデジタル化の活用法と言えるでしょう。

それから、まさに今、使っているものもありますよね。デジタルメディアなしではこのインタビューの収録ができません。これはデジタルデータの望ましい使い方です。哲学的なトピックをさまざまな視点から一緒に考えるという、良いことを実践するために使っているのですから。

ですから、私たちがするべきことは、デジタル化を単に批判するのではなく、どうすれば人類を一つにするという目標のためにそれを活用できるか、真剣に考えることです。これは、デジタルメディアの一つの可能性です。

でも、それが意味することとは、基本的に現在のインターネットをほぼ入れ替えることになるかもしれません。独占的なテクノロジー企業の存在は、絶対に許されないことですから。中国以外では、普遍的な検索エンジンはグーグル一強という状態がなぜ許されるのでしょうか？　これも容認できないシナリオですね。グーグルが力を持ち過ぎていること、そしてその力をユーザーにとって不利な形で使っている可能性があることは、とても危険な問題だと思います。

私たちには学習プラットフォームが必要だと誰もが思っています。でもその学習プラットフォームはどこにあるのでしょう？　とても優れた哲学のアプリや、チェスを本格的に学べるチェスアプリ、数学アプリを想像してみてください。実際にきちんと学べるアプリです。少し動き方を覚えたら課金が必要になり、課金してみたら使えないようなひどいアプリではなくてね。

今のデジタルメディアは役に立ちません。使えると思っても、結局は使えません。たとえばコロナのアプリは、少し使えたと思ったら、すぐに使えなくなります。こうしたアプリは役に立ちません。

ですから、私たちがもっと積極的に努力して、テクノロジーの約束を実現することを想像してみてください。これについて私は楽観的です。でも現時点では、私たちはこうした努力をしていないのです。

そろそろ最後の質問ですね。雨も降ってきそうですしね。鳥もそう言っています（笑）。

ウイルスからの「呼びかけ」に人類はどう決断するのか

――あなたは、コロナは人類の存続にとって「最後のチャンス」だとおっしゃいましたね（V章）。その意味を、もう少し詳しく教えてください。

私たちは自滅への道をたどっています。

過去二〇〇年の近代化の中で、私たちは大量破壊兵器を作り出しました。それだけではなく、人口の爆発的な増加や地球環境の破壊による問題もあります。今私たちは、私たち自身が認識するところの「人類存続の分岐点」に立っています。気候変動の兆候からもそれがわかります。でも、それは数多くの要因の一つに過ぎません。

多くの人類が自滅しても、一部の人間、たとえばラテンアメリカの先住民族なら生き残るかもしれません。でも、私たちが「文明」と呼ぶものは消え去ってしまうかもしれません。地球は残っても、そこに私たちはいないかもしれません。残る人間もいるかもしれませんが、それはわかりません。とにかく、大惨事になるでしょう。

人類の存続は、私たちが道徳的にまっとうな経済を作り出せるかどうかにかかっています。それは地球の限界を超えない範囲で機能するものでなくてはなりません。私たちは地球自体が定める限界があることを知っています。そしてその限界を押し広げようとしているのです。だからこそ、私たちが生き残りたければ、地球上で生活し、剰余価値を生み出し、人間の本質について考えるためのまったく新しいモデルが必要です。

とくにベルリンの壁崩壊以降のこの三〇年間、新自由主義によるグローバリゼーションの時代に、私たちは自滅の瀬戸際まで追いやられました。気候変動やコントロール不能な移民、意見を二極化してしまうソーシャルメディアなどが要因です。そのせいで、今アメリカは極右と極左の対立が増え、統一された中心的存在ではなくなってきています。アメリカは中国との対立を深めており、戦争になりそうなシナリオもあります。これらは現実にある危機のほんの一部に過ぎません。

繰り返しになりますが、新型コロナウイルスによるパンデミックはこうした状況の進行を止めました。そのおかげで、これらの問題が私たちみんなの目に見えるようになったのです。

もしこの「呼びかけ」に応えなければ、こうした危機のすべてが破滅につながるでしょう。危機のときこそ、決断のときです。最終的には善か悪かの決断です。このまま悪の道を進み続けるか、または一緒に道徳的進歩に向かって進み、道徳的に善いことをしていくか、です。今私たちは人類全体として、この選択を迫られています。

これが、私が「最後のチャンス」と言う意味です。

二〇一九年一二月に戻ろうとするなら――。あの目まぐるしさ、燃え尽き、狂騒、危機、民主主義の終焉の話題、気候変動など、あの頃のすべてを思い出してください。あの頃に戻ったら、むしろ私たちは終わるのです。だからこそ、私たちはこのパンデミックにこれほど大きな衝撃を受けているのでしょう。私たち誰もが危機を感じていたからです。それがショック反応の一因なのです。

このことを証明するために、過去の例と比較してみましょう。一九六八年には香港インフルエンザが流行しました。死者数はわかっていませんが、大勢の人が亡くなりました。それでも、人類が変わることはありませんでした。同年に人類を変えたのは、ほかの出来事でした。ベトナム戦争です。社会は激動し、学生運動が起こりました。でも誰もウイルスの存在には反応しなかったのです。

ＨＩＶのパンデミックもありました。議論の余地はありますが、新型コロナウイルスのパンデミックよりもはるかにひどいもので、一九八〇年代にエイズの流行が始まって以降、死者数は累計で三二七〇万人にものぼると言われています。。でもそれは人類を変えたでしょうか？　今回と同じようなことは起きませんでした。人類に与えたショックは今回とは異なる性質のものだったのです。

でも今回に限って、集団免疫を得るには危険すぎるウイルスが流行すると、人類はみなショックを受けました。純粋に医療の観点から見れば、正確にはまだわかりませんが、Ｈ

IVほど危険なものではなく、あるいは香港インフルエンザよりも危険性は低いかもしれません。野放しにするのは危険ですし、感染した方の状況などによってはもちろんまったく予断を許しませんが、そこまで危険なウイルスではなさそうです。それなのに、驚くべきことに私たちはみなショック状態に陥っています。ですから、今回のショック状態はウイルスの存在では説明がつきません。ウイルスの「呼びかけ」によって引き起こされたのです。私はこれを「形而上学的なパンデミック」と呼んでいます。

これが今起きていることだと思います。人類はみな、自分たちが間違った道を進んでいることを無意識に知っているのです。問題は、ウイルスからの呼びかけに私たちがどう応えるのかということです。

私たちは今、分岐点に立っています。正しい方向に向かうためには、みなで一緒に進む必要があります。誰一人、置き去りにしてはいけません。そうしなければうまくいかないのです。これが、私が最後のチャンスと言った意味です。

「個人」を越えて

――最後の質問です。質問というより意見ですが。

アイデンティティを克服する、エゴを克服する、とおっしゃいましたが、それは難しい、ほぼ不可能なことではないかと思います。今の世の中では、なかなかさまざまな個人の欲望を止めることは難しいのでは？

そうですね。それは幻想だと思います。たとえばインド哲学でいうアートマンの概念では、自我は存在しませんよね。その考えによれば、私が唯一人あるという考え自体も間違っていることになります。私はさまざまなネットワークの一部だからです。「意味の場」の存在論を人間に当てはめてみましょう。この対象は誰でしょう？　私の見え方（パースペクティブ）はたくさんあります。若い頃の私、一〇分前の私、二時間後の私……この私は誰でしょう？

私たちは自分たちを別々の個人だとよく考えます。そして「自分」についても考えます。でも「自分」とは誰でしょう？　それは、個人の「アイデンティティ」という存在の幻想に基づいていると私は考えています。ここから話を始めるべきです。私たちは次のことを理解する必要があります。

私たちが、冷酷な市場の利害関係や消費行動などに支配される「個人」だという考え方は、消費資本主義のイデオロギーとプロパガンダによって作り出され、押しつけられたものなのです。このような個人は存在すらしません。幻想です。そのような意味のアイデンティティは持っていないのです。私たちは変成し続ける非常に複雑なプロセスです。一〇年後の私のアイデンティティ？　そんなものはわかりません。

──では私たちは個人として存在していないのですね？

私たちは個人として、バラバラに存在しているわけではないのです。私たちは非常に複雑なプロセスと現実のネットワークで、ほかの人びとと重なり合っているのです。人間は、ある意味、ともに巣を作るミツバチのような存在です。私たちは、いつも一緒にいます。こうして一緒にいることが、道徳的な結びつきなのです。

──私たちはさまざまな人からなる層です。大小さまざまな組織や家族や友人の集まり、だというわけですね。でもコロナのために、突然、私たちはかつてない孤独な状況に直面しています。

ええ、それはとても面白いですね。その点において、ドイツに関する私の見方は逆だからです。ドイツでは、むしろ連帯が強くなったように感じます。

コロナの波よりもはるかに大きな、かつてない団結の波が起こりました。ドイツは突然、一つのコミュニティになったのです。でも確かに国家を維持する上で、これは試練です。私たちは団結できるのか、と試されているのですから。私たちが、それぞれ独立した点のようなものだという考え方は幻想です。それは事実と合致していません。

——その意味では、コロナによるこの状況も、良い経験ということになるのでしょうか？

ウイルスの存在は、自然が私たちに、私自身にも語りかけるための波動だと思っているので、そう思います。私たちも自然の一部ですよね。その文脈においては、人間と自然の間に違いはないという考えをもたらしてくれます。私たちは自然の中に統合されているということなのです。

そして、私たちがここにいること、この意識の変化は、世界的なものです。私が今表現したような感覚は、日本の多くのみなさんと共有できているものと、確信しています。

あなたは、家族や友人との絆を再認識します。パンデミックの初期には、このような新しい種類の連帯感がありました、とくに、人びとはお互いを守り、助け合おうとしていました。これらの新しい意識状態は、以前は、私が「燃え尽きた資本主義」と呼んでいる層の下に隠されていたのです。一年間、たった二週間の休暇のためだけに働くような、そんな考え方です。仕事をしている間は、取り憑かれたように働いているわけです。そして、二週間の休暇を得ます。休暇中の仕事は、仕事をしながら、事件の捜査に追われているようなものです。

多くのドイツ人は、ヴァカンスにスペインとかマヨルカ島などに行ってリラックスしようとしてきたわけですが、実は、リラックスに失敗してきたのではないでしょうか？　そして、再び「燃え尽きた資本主義」に戻るわけです。その悪循環は、今、断ち切られました。戻ろうとすると、いろいろな意味で失敗するでしょう。だから、私たちは、ようやく今、再び正しい仕方で、さまざまなものに愛着を持つようになったのです。

しかし、この新しい種類の愛着には、ナショナリズムの愚かな形態や地域主義の愚かさなどのリスクも伴います。それは必ずしも良い権利ではありませんが、実りあるものになる可能性があります。そのためには、今愛着を持とうとしている、私たちのさまざまな形について、私たちがその権利を再構築することができるかどうかにかかっているのです。

私たちは、根底においては、基本的に全人類に対して、愛情、つながりを育む感情を抱いているはずなのです。私たちは地球市民であり、コスモポリタンでもあります。そして、もう一つ別のレベルにおいても、経済のグローバル化により、サプライチェーンでつながっています。第二のレベルでは、私たちは一種の国家的な帰属意識も持っています。

こうした二つのレベルにあって、さまざまな重なり合い、関係性を持つことは、矛盾することではなく、その調和の形が今、試されているのです。

おわりに　今、自然の意味を問い直すとき——丸山俊一

コロナの時代を「生きる」ための思考の作法

本書をまとめている二〇二〇年一二月上旬、第三波の襲来とともに、ウイルスを抑え込むためにも「勝負の三週間」という言葉が叫ばれています。感染阻止と経済の維持、そのバランスをどうとるべきか？　自分がうつらないことはもちろん、無自覚のうちに周囲の人びとにうつしてしまうことがないように、どんなマナーでどう行動すべきか？　そのとき、自由な意志はどのように守られるべきか？　仕事で、プライベートで、どんな振舞い方をするべきか？　誰もが社会の中で生きて、生活していくことに対して、多様な考え方を持ち、さまざまな神経の使い方をすることを余儀なくされる状況が続いています。

一つ一つの行動の選択、その判断の基準となる考え方は？　今回のガブリエルによる語りは、今までの抽象的な話法ではなく、実際的なアドバイス、自らの経験談も交えて、具

体的に、新型コロナウイルスの世界的な拡大がもたらした時代変化に対応する提言が、前面に出ています。もちろん、現在のヨーロッパを代表する知性たる哲学者による言葉ですから、抽象的、概念的な展開を見せているところもありますが、全体の文脈として、この突然訪れた人類の災禍の中で、等身大の一人の人間として考察した思いを、フラットに多くの人びとと共有しようという意志を全体から感じ取っていただけることと思います。

自らマスクをすることをめぐる、ちょっとした見解の相違や葛藤、そこから生まれる諍《いさか》い、また、逆にマスクをしていない人を「咎《とが》める」という行為の難しさ……。こうした日常のさまざまな場面で、小さなストレスが積み重なり、大きな渦となって喧々囂々《けんけんごうごう》、社会の秩序の問題へも発展していく、そんなやりきれない状況の中で、ある種の平衡感覚を維持していくための知恵、考え方を発見していただければ幸いです。

そもそもの言語の定義へと遡ることで、何ごともメタレベルで思考し、専門的なある領域で展開される考え方から、さらに一段上の普遍的な思考を目指すこと。また、それは、真に合理的なバランスある答えを導きだそうとする精神の運動とも言い換えることができるでしょう。

＊

さて私たち制作班の取材に応えることで、語り下ろしとして生まれた、コロナ時代を生きるための「道徳哲学」ですが、この「生きる」には、言うまでもなく、二つの意味が込められています。まさにコロナの時代を「生存する」「生活する」という意味と、「有効である」という意味です。一つのガイド、ものの見方、考え方のエッセイ＝試論として、ご自身が考えるときに、生かしていただければ幸いです。

番組でも、最後に、「哲学は教えられない。哲学することしか教えられないのだ」と、ガブリエルがその系譜にある、ドイツ観念論の大先輩たるイマヌエル・カントの言葉を引用しましたが、知識として情報として咀嚼《そしゃく》するというより、読みながらときに共鳴したり、ときに疑問を感じたり、ときに反論してみたりと、ご自身で思考するための論考として参照していただければ、と思います。ガブリエル本人も、教条主義による思考停止の受けとめられ方は決して本意ではないと思います。ご自身で批評的に考えながら読んでいただいてこそ、提言は生かされます。冒頭にあった「1から10」の段階の中での選択に象徴されるように、自分自身で思考してこそ、自らにふさわしいものの考え方、行動の仕方ができるのだと思います。

「意味の場」として実在する言語と思考

この数年で日本に大きなブームを巻き起こすことになったマルクス・ガブリエルですが、最初に私たちの制作チームがインタビューを試みたのは、「欲望の民主主義」（二〇一七年四月二三日放送　ＮＨＫ　ＢＳ１）のときでした。フランス大統領選を目前に控え、極右勢力の台頭に揺れるフランスを取材、そんなさ中にパリ滞在中のガブリエルとコンタクトがとれ、インタビューに応じてもらったのです。

民主主義は情報処理の特定の形なのです。（中略）それ以上でも、それ以下でもありません。（『欲望の民主主義』所収）

パリから送られてきた映像を編集室で初めて見たときの、英語で語られた実にクールにして明晰な定義、言葉の響きが今も鼓膜に残っています。ともすれば、良くも悪くも熱い情念とともに叫ばれる言葉を涼しげに語る彼の語り口がとても印象的でした。政治学者たちに今後の行方を占ってもらうばかりでなく、文明論的な大きな曲がり角にあって複合的な揺れを抱える時代だからこそ、そもそも民主主義とは？　と、その理念にまで遡ってヨーロッパ哲学界の「新星」に問うた答えでした。当時「ポスト構造主義以降の潮流を代表する新星」として紹介されていたガブリエルですが、確かに、実存主義、構造主義、ポスト構造主義という知の先行者たちの格闘の歴史の果てにある、新たな思考の風景を少し垣間見せてくれたように感じました。

「言葉で説明できないもの！」ほら、表現できましたね！

あらゆるものは存在しないものまで、すべて言葉にすることができる——。本書のⅡ章で見得を切ったときのガブリエルの言葉です。子どものように無邪気にこう話す彼ですが、それは、「実在」という概念を「言語」、「思考」などとも関連づけて考える姿勢から導き出されるものと言えるでしょう。言語も、意味の場として、実在する。思考は実在する。そうした考え方に至った背景にある物語は、Ⅵ章で語られている通りです。六歳のときのある感覚の発見が、現在もさまざまな概念を解きほぐし、言葉にし続ける彼のものの見方の中に貫かれていることがよくわかります。

その後も「資本主義は代替案のないショウだ」（「欲望の資本主義」二〇一八年一月三日放送NHK BS1／『欲望の資本主義2』所収）と定義、さらに二〇一八年に来日した際には、「日本の社会では〝静寂が叫んでいる〟」（「欲望の時代の哲学」二〇一八年七月一五日放送NHK B

S1／『マルクス・ガブリエル　欲望の時代を哲学する』所収）という言葉を残して、私たちの思考を喚起するきっかけを与えてくれました。

ニューヨーク滞在中の取材では、デジタルテクノロジー主導のグローバル資本主義の中、「私たちは欲望の奴隷となった」「自らがもたらした不自由の呪縛から、脱出せねばならない」（「欲望の時代の哲学2020」二〇二〇年二月二五日〜三月二四日放送　NHK　Eテレ／『マルクス・ガブリエル　欲望の時代を哲学するⅡ』所収）という強いメッセージで、現代の高度に「完成」された社会への懐疑、技術文明への批判的な視座を提示してくれました。

「自由の実験場」アメリカで、その足場を掘り崩す言葉の数々……。その際にも彼の思考を根底で支えていたのは、六歳の頃の原体験なのかもしれません。そして、その身体に深く刻まれた記憶が、今「自然主義」への強い批判の基底で生きているのでしょう。

「自然主義」の陥穽から抜け出すために

「自然主義」とは、科学的なものの見方「のみ」が真実であるとする思考のことを指しています。たとえば戦後半世紀近く冷戦状態にあった米ソの対立も、「自然主義」という観点からは同一の土俵にあったのではないか、そして「資本主義」対「社会主義」という思想的な対立の図式も、実は「自然主義」という同根のイデオロギーの下にあったのではないかという指摘は、ガブリエルがいつも語るところです。

確かにその視点に立てば、一九六〇～七〇年代に繰り広げられた宇宙開発競争など、まさにその象徴ということになるわけですが、今はデジタルテクノロジー、ビッグデータ、AI開発などへと競争の主たる舞台は変わっても、「自然主義」自体は変わることなく、否、益々席巻しているようです。

冷戦は解体、資本主義が全面化する中で国家の力は一見、弱まったようにも見えますが、そこに新たにGAFAMと呼ばれる巨大プラットフォーマーが現れました。対立の構図、競争の構図、その担い手は変わりながらも「自然主義」は確実に浸透し、むしろ世界に根強く広がっていると言えるでしょう。

二〇世紀後半以降の世界秩序をめぐる争いの中、ずっとその根底に生き続けてきたものの見方は、近年のビッグデータ、AIブームでは、いつの間にかデータ主義、エビデンス主義とも言うべき行動原理を生み、テクノロジーにひれ伏し、精神性を損ない、技術の前にある種の無力感に陥る人びとすら生んでいるように見えます。

こうした科学技術「信仰」が強い現代社会では、科学＝合理性と何のためらいもなく直線的に結びつけられがちです。しかし、科学もまた一つの方法論であり、そこから導き出された答えも、総合的な価値判断にあっては、一つの指標に過ぎないはずです。もちろん科学という方法論の客観性の高さ、その有効性は言うまでもありませんが、それを絶対視するだけでは、視野狭窄《きょうさく》に陥ってしまいます。さまざまな角度からの、さまざまな尺度による見方、考え方を比較衡量《こうりょう》することの大事さを忘れるわけにはいきません。あらゆる原理主義を相対化することの重要性は、哲学することの基本なのですから。「科学」も含めたさまざまな専門領域での考究の成果を比較検討し、組み合わせ、総合的に考える、すべてを相対化して考えることをやめない、そうしたあり方こそが真に「合理的」な考え方だと、ガブリエルは提言します。

「正しく錯覚せよ」

そうした「合理的」思考を追究する過程で、こんなレトリックも生まれるわけです。「錯覚」と自覚しながら、「錯覚」を楽しむ。「虚像」と知りながら、「虚像」の真実味を味わう。全体の構造を自覚しながら、そこに企まれるものも楽しむことができる複眼的な思考は、ある意味、人間の本質にある遊びの精神とも重なる話として聞こえてきます。

実際、つねに何らかの基準、根拠を持ちたい人間の性《さが》を自覚した上で、その認識もまた相対化するという行為は、人が生きていくときに大事な、思考の幅なのではないでしょうか？　特に複雑化し、錯綜した現代の社会にあっては、なおさらです。そうした思考の延長上に、スーパーマリオを楽しむことと、単なる物理的な点の集積と認識することは決して矛盾しないという比喩が語られるのです。

ニンテンドーは思想にアクセスできる物質を与えてくれるのです。これがコンピューターゲームのすごいところです。（Ⅲ章）

むしろ、冷静にデジタルな解析をする頭脳を働かせながらも、同時にゲームという感覚の世界に遊べることこそ、極めて人間的な行為のように、私には思えます。その可能性と限界の中で、まさにプレイすること、デジタルとアナログの綱渡りをすること、そのセンスこそ、人間の知であり、また広義の哲学することの醍醐味なのではないでしょうか？

そしてそれは、高度にシステム化された社会構造の中にあって、ウイルスという極めて生物学的な自然現象が引き起こす問題に向き合うときにも、大事なセンスのように感じられるのです。

宇宙の法則を科学的に解析することと、星の美しさに心奪われることは、決して矛盾することなく、一人の人間の意識の中に共存できるもののはずなのです。

「精神の点滅」としての人間

今回の世界的なパンデミックは、突然、自然の脅威を身近なところで私たちに突きつけました。この自然が生み出した事態の中で、今回のガブリエルは今までにも増して、東洋的とも言える一面を私たちに見せてくれているように思います。あらためて全体を見渡したときに、ガブリエルの思考の中にある、柔らかな感受性、美意識をベースとした感覚の広がりが、随所に示されています。

コロナウイルスの感染拡大、ウイルスという謎の多い生命体が、人間社会に、人類にもたらした変化を考えるということは、やはりその本質にある、自然、野生、生命との向き合い方という次元の問題へと自ずからつながっていくわけで、その先には美意識であり、人生観であり、まさに「道徳哲学」の領域に属する感性が、言葉の端々に躍動しています。

ある時点で、人間は存在し、意識を持ち、存在したり、しなかったりを繰り返します。

そして最後には存在しなくなります。この存在の点滅はどこかの場所で起こるわけではありません。どこかの広い空間で、現実に何かが点滅しているのではありません。ただの点滅です。(中略)仏教でも同じような考え方がありますよね。私の考えが日本人に受け入れられるのは、日本人の精神の重要な層に私の考えと呼応するものがあるからだと思います。ほかにも層はありますが、日本の思想の歴史には顕著な層があります。禅です。禅にはこの考えを是認する要素があるのではないでしょうか。(Ⅳ章)

禅の思想にまで言及するこの件には、とくにそれが明確に表れています。「精神の点滅」として、人間の存在を表現するあたりは、象徴的です。ドイツ観念論をベースに、実存主義、構造主義などの成果を取り入れつつ、人間の「精神」について考え続けてきたヨーロッパの知性が辿り着いた思考が、極めて東洋的な死生観を感じさせる言葉で表現されています。仏教、フェリーニなどと、さまざまなメタファーで語られるこの一連の生命観などを読むと、「色即是空《しきそくぜくう》」「空即是色《くうそくぜしき》」などの言葉を想起させられました。

こうした思考の感覚は、Ⅴ章でも受け継がれ、いよいよ「自然」という概念についても、人びとに注意深く考えることを促すことにつながっていきます。スピノザの分類などにも触れつつ、「計測可能な宇宙」と「自然」というカテゴライズによって、思考を一段深めていくのです。すなわち、科学的な解析が有効な領域「宇宙」と、それだけでは捉えきれない感覚の領域が存在する「自然」とを明確に分けて考えるべきだという提言です。

「おのずから」「あるがまま」の自然の中で

「自然」をめぐる思考。これについては、読者のみなさんの中には混乱される方もいらっしゃるかもしれません。それには、歴史の中で、「自然」という言葉に日本人が込めてきた意味、投影してきた想いの変遷も影響していると思います。

一九世紀後半、ヨーロッパから入ってきたnatureに与えられた「しぜん」＝「自然」という訳語。しかしもともと、「じねん」と読む「自然」が、仏教の言葉として日本語には存在していました。「じねん」は、「おのずからなる」「あるがままである」という意味を成し、そこには山川草木《さんせんそうもく》、私たちを取り囲む生態系まで含むようなニュアンスが込められていたのです。その後、「しぜん」と「じねん」の区別は曖昧になり、「じねん」という読み方はあまり聞かれなくなりましたが、同じ日本人の中でも世代により、地域により、「自然」という言葉に見出す意味、感じる言葉のニュアンスには幅があるのではないでしょうか？

ヨーロッパのnature「自然」は、とくに近代以降の特徴として、基本的に「人間」との対立構造で捉えられることが多いように思います。脅威をはらんだ「自然」に対峙する「人間」という図式です。ところが日本では、「自然」という言葉の中に、人の存在まで包み込むゆるやかな膨らみを感じとる方も多いのではないでしょうか？　それは、「じねん」の意味合いが連綿と生き続けているからなのかもしれません。

実際、「自然の絵を描いてごらん」と言われたら、山や海、木々や水辺とともにその中心でのどかな風情でいる人の姿まで描きこむ子どもが、日本には多いのではないでしょうか？

人は「自然」の中にいる。この言葉で喚起されるのは、「生態系」の環境だけでなく、同時に「おのずから」「あるがまま」という状態まで含んだイメージで、少なくとも伝統的な、仏教的な「自然」観だと言えるでしょう。

そのことを理解した上で、ガブリエルの「宇宙」と「自然」を区別すべきで、前者は科学で捉えられるけれども、後者には捉えきれないものがあるという言葉に触れるとき、「しぜん」と「じねん」の違いに重なってくるのです。ドイツ人哲学者が語るガイドに従って山を登っていくと、道は異なれども同じ山を登って、今、同じ風景を共有できているような感覚を抱くのは私だけでしょうか？

皮肉なことに、歴史を経て現在に到るまで伝わってきた日本的な自然観、美意識が、もし、現在衰退の危機の中にあったのだとしたら、このコロナをその復興の「チャンス」と捉えよ、というレトリックも理解できます。おそらくは滞在時に感じたであろう京都の風情などにもガブリエルは言及していますが、こうしたところにも、彼が以前から抱いていた、日本人の精神性や、歴史の中で育まれてきた感性への期待が表れています。

私たちの撮影も、今回、当然のことながら十分社会的な距離をとり、風通しの良い場所を選んで、風光明媚《ふうこうめいび》なライン川のほとりなど、「自然」豊かなロケーションで行われました。結果、そうした環境に彼も触発され、まさに「自然」体で出てきた話も豊かな彩りを生むことになりました。

天を仰ぎ、星との距離を感じながら、大空へと心を飛ばし、また同時にあなた自身の心という領域にも思いを馳せ、自分自身と対話する心の空間をさすらうひととき。出口の見えないウイルスとの戦いに翻弄され、心も塞ぐような時だからこそ、あらためて、こうした奥行きのある「自然」観の世界に心を遊ばせてみてもよいのではないでしょうか？

自然と文明、精神と物質、個人と社会――二元論の狭間に立つ道徳哲学

高度なテクノロジーによって駆り立てられるような社会に、減速を突き付けたコロナショック。そうした中にあっても、生命か？　経済か？　という短絡的な二元論でいたずらに焦ったり、自らを見失ったりすることなく、自分の頭で考え、自分の足で歩き、何より自分の心にウソをつかないために、私たちは長い歴史の中で培ってきた「自然」な精神、感性、感覚の大事さを思い起こす必要があるのではないでしょうか？

もっと具体的には、社会集団の感染対策にあっても、デジタルテクノロジーによる分析を行い、そのモデル化の手を緩めないと同時に、そこから零《こぼ》れ落ちるアナログな感受性も取り逃がすことなく、多角的に考え続ける姿勢と言い換えてもよいかもしれません。デジタルな網の目からつねに零れ落ちるもの……。すべてを「自然主義」「科学主義」「唯物主義」だけで見ようとしたら、単に「ノイズ」として見逃してしまうものにも働く感受性を大切にしたいものです。

実際、ガブリエルが指南する今回の「道徳哲学」の根幹にあるのは、二股をかけるセンスとも言えるでしょう。自然と文明、精神と物質、個人と社会……そうした二元論の狭間

にあって二つの位相に両足で立つことです。

矛盾を生きる技術。それが「精神のワクチン」という免疫力を培うのだと思います。

*

彼が来日時に京都大学を訪問したときに感じた、西田幾多郎の哲学との符合の話（『マルクス・ガブリエル　欲望の時代を哲学する』）、さらに、そこから派生して、和辻哲郎、九鬼周造らの思想との親和性にも以前すでに触れましたが（『マルクス・ガブリエル　欲望の時代を哲学するII』）、今回、あらためて彼の思考の可能性を、「中間性の知性」という点に見ました。

「ダメかもしれないけれど、やってみるんだ」

ガブリエルが感激した京都つながりで、京大の名物教授だったある一人の人物の言葉を思い出しました。かつて、専門にとどまることなく飄々《ひょうひょう》とさまざまな教養、教育にまつわる発言を行い、多くの著書を残す、数学者森毅《もりつよし》の言葉です。これには、続きがあったと記憶します。

「こうした感覚は、極めて人間的な資質に属する」

うまくいくからやろう、ではなく、ダメかもしれない、けれどやってみる。そこにこそ妙味があり、人間の面白さがあるのだというわけです。とかく「うまくいく」ことばかりを頭でわかり計算し、情報処理的に判断して、「うまく」やったつもりで、むしろ生きる喜びから遠ざかる人びとが増えている社会、「うまく」いくことばかりを指南するテクノロジー、資本主義の論理の中、人びとが大事なものを失いかけていた社会で、だからこそ、しなやかな「道徳哲学」を。

最後に今回の番組企画、取材、制作にあたっては、ディレクターの寺田昂平さん、大西隼さん、高橋才也さん、堀内慧悟さん、真治史さんらの尽力に、そしてあらためて聞き手となってくれた太田真理エリザさんに深く感謝したいと思います。執筆の進行にあたっては今回も細やかなサポートをしてくれたNHK出版新書編集部の倉園哲さん、黒島香保理さん、NHK編成局藤田英世統括プロデューサーにもこの場を借りて御礼申し上げます。

本書が、どなたにとっても、この変化の時代にご自身が感じ、考え、人生を選び取っていくヒントとなることを願っています。

二〇二〇年　一二月

丸山俊一

NHK BS1スペシャル　シリーズ　コロナ危機
「マルクス・ガブリエル　コロナ時代の精神のワクチン」
（NHK BS1　2020年10月3日放送）

〈番組記録〉

語り	石橋亜紗
	山崎健太郎
テーマ曲	三宅　純
	“Lilies of the valley”
資料提供	General-Anzeiger Bonn ロイター
	米国立公文書館　NASA
撮影	岩井　謙
映像技術	中野雅俊
音響効果	杉本栄輔
コーディネーター	太田真理エリザ
編集	堀内慧悟
取材	大西　隼
	真治　史
ディレクター	寺田昂平
プロデューサー	高橋才也
制作統括	藤田英世
	丸山俊一

丸山俊一 まるやま・しゅんいち
慶應義塾大学経済学部卒業後、NHK入局。
「欲望の資本主義」をはじめ時代のテーマを独自の視点で斬る
異色の教養番組を企画、制作統括。
現在NHKエンタープライズ番組開発エグゼクティブ・プロデューサー。
著書に『14歳からの資本主義』『結論は出さなくていい』、
制作班との共著に、『マルクス・ガブリエル 欲望の時代を哲学する』
『同 II』『マルクス・ガブリエル 危機の時代を語る』
『AI以後』『欲望の資本主義』1-4ほか。
東京藝術大学客員教授、早稲田大学非常勤講師も兼務。

NHK出版新書 645

マルクス・ガブリエル
新時代に生きる「道徳哲学」

2021年2月10日　第1刷発行

著者 丸山俊一
NHK「欲望の時代の哲学」制作班
©2021 Maruyama Shunichi, NHK
発行者 森永公紀

発行所 NHK出版
〒150-8081東京都渋谷区宇田川町41-1
電話 (0570) 009-321(問い合わせ) (0570) 000-321(注文)
https://www.nhk-book.co.jp (ホームページ)
振替 00110-1-49701

ブックデザイン albireo

印刷 壮光舎印刷・近代美術

製本 二葉製本

本書の無断複写(コピー、スキャン、デジタル化など)は、
著作権法上の例外を除き、著作権侵害となります。
落丁・乱丁本はお取り替えいたします。定価はカバーに表示してあります。
Printed in Japan ISBN978-4-14-088645-8 C0210

NHK出版新書好評既刊

日本美術の底力
「縄文×弥生」で解き明かす
山下裕二
過剰で派手な「縄文」と簡潔で優雅な「弥生」の2軸で、日本美術を軽やかに一気読み！ 傑作61点をオールカラーで掲載した、著者初の新書！
619

マルクス・ガブリエル 欲望の時代を哲学するII
自由と闘争のパラドックスを越えて
丸山俊一＋NHK「欲望の時代の哲学」制作班
NHK番組で大反響のマルクス・ガブリエルが帰ってきた！ 舞台はニューヨーク。資本主義と民主主義の中心地で、哲学のホープは何を語るのか!?
620

英文法をこわす
感覚による再構築
大西泰斗
英文法の文型、規則・用法を丸暗記するのではなく、ネイティブの語感をじかに捉えるには？「NHKラジオ英会話」人気講師が明快かつ情熱的に説く！
621

もっと試験に出る哲学
「入試問題」で東洋思想に入門する
斎藤哲也
ブッダに道元、西田幾多郎まで。「センター倫理」厳選26問を導きに、インド・中国・日本をまたぐ東洋思想の流れを明快に説く第2弾！
622

2025年のデジタル資本主義
「データの時代」から「プライバシーの時代」へ
田中道昭
GAFAなどの巨大テック企業による富の独占に抗い、世界で高まる個人情報保護の機運。デジタル資本主義が進展する中で、次に覇権を握る者とは？
623

今ここを生きる勇気
老・病・死と向き合うための哲学講義
岸見一郎
幸福に「なる」のではなく、「今」が幸福で「ある」。それが、人生の答えだ――。ベストセラー『嫌われる勇気』の著者による、はじめての講義型新書！
624

NHK出版新書好評既刊

京都を壊した天皇、護った武士
「一二〇〇年の都」の謎を解く
桃崎有一郎
後鳥羽・後醍醐ら一部の天皇は、なぜ京都を危険に晒したのか!? 京都と天皇をめぐる一二〇〇年の「神話」を解体し、その本質へと迫る意欲作!
625

極上の死生観
60歳からの「生きるヒント」
齋藤 孝
〝生きること〟の究極的な本質とは何か?「死の不安」に打ち克ち、人生の意味に自分自身で気づく方法を、古今東西の賢者・哲人・聖者たちに学ぶ!
626

現代哲学の最前線
仲正昌樹
哲学は今何を問うているのか? 正義論、承認論、自然主義、心の哲学、新しい実在論という5つのホットなテーマを概観し、その核心を一気に掴む!
627

世界を動かすイスラエル
澤畑 剛
イスラエル・中東情勢を、「イノベーション」「キリスト教福音派」「シェール革命」などをキーワードに多角的に読み解く。現役記者による最新リポート。
628

いまこそ「小松左京」を読み直す
宮崎哲弥
その予見的性質のため、いまふたたび注目を集めるSF作家・小松左京。『日本沈没』等の代表作を読み直し、戦後最大の知識人の思索をたどる。
629

パンデミックが露わにした「国のかたち」
欧州コロナ150日間の攻防
熊谷 徹
そのとき、イタリアで何が起きたのか? ドイツはどう動いたのか? 新型コロナウイルス第二波襲来が叫ばれるいま、日本の選ぶべき道を提言する。
630

NHK出版新書好評既刊

教育格差の経済学
何が子どもの将来を決めるのか
橘木俊詔
何が教育格差を生み出すのか。所得の影響、保育園と幼稚園の差、塾の効果などを、格差研究の第一人者がコストとリターンの観点から徹底分析！
631

人類の選択
「ポスト・コロナ」を世界史で解く
佐藤 優
コロナ禍を歴史的に分析し、国際情勢と日本の未来を展望。複数の選択肢に揺れるコロナ後の世界と人間の生き方に確固たる指針を示す！
632

名著ではじめる哲学入門
萱野稔人
哲学とは何か。アリストテレスで「人間」の本質を抉り、ハイデガーで「存在」の意味を知る。複雑化する世界を新視点で捉える実践的学び直しの書。
633

イノベーションはいかに起こすか
AI・IoT時代の社会革新
坂村 健
日本よ「変わる勇気」を持て。世界に先駆けIoTのコンセプトを提唱した稀代のコンピューター学者が、私たちの社会の進むべき道を指し示す。
634

マルクス・ガブリエル 危機の時代を語る
丸山俊一＋NHK「欲望の時代の哲学」制作班
人気番組のニューヨーク編から、大反響だった「ガブリエルと知の最前線5人との対話」をまるごと書籍化！ コロナ直後の緊急インタビューも収載！
635

「冴える脳」をつくる5つのステップ
ゆっくり急ぐ生き方の実践
築山 節
日々の不調に加え、コロナ禍で脅かされる生活や健康。現代人が抱える不安に適切に対処できる「脳」のつくり方を、ベストセラーの著者が解説。
636

NHK出版新書好評既刊

NHK出版新書好評既刊

空想居酒屋
島田雅彦
酒場放浪歴40年、料理歴35年の小説家が、理想の居酒屋を開店した？「文壇一の酒呑み&料理人」が放つ、抱腹絶倒の食エッセイ！（レシピ・カラー付）
643

あの人はなぜ定年後も会社に来るのか
中島美鈴
会社という居場所を失ったとき、なぜ男性は老後の時間を有効に使えないのか？ 認知行動療法のプロが語る、不安の正体と孤独との対峙法。
644

マルクス・ガブリエル
新時代に生きる「道徳哲学」
丸山俊一
＋ＮＨＫ「欲望の時代の哲学」制作班
大反響番組「コロナ時代の精神のワクチン」を書籍化！ コロナ時代にこそ可能な「自由」とは？ 対話形式で平易に説く、ガブリエルの哲学教室。
645

カラスをだます
塚原直樹
カラス語の理解者にして全国から引っ張りだこのカラス対策専門ベンチャー創業者が、カラスを調べ、追い払い、食べながら、共存の方法を探求する。
646

大河ドラマの黄金時代
春日太一
『花の生涯』から『黄金の日日』『独眼竜政宗』『太平記』まで。プロデューサー、ディレクターたちの貴重な証言を織り込み、「黄金時代」の舞台裏に迫る。
647